加油！脱贫攻坚
上海社会力量在行动

上海市人民政府合作交流办公室 编
新民晚报社

上海三联书店

前言

致敬！彪炳史册的人间奇迹！2021 年 2 月 25 日，在全国脱贫攻坚总结表彰大会上习近平总书记庄严宣告：我国脱贫攻坚战取得了全面胜利！这是中国人民的伟大光荣，是中国共产党的伟大光荣，是中华民族的伟大光荣！

党的十八大以来，党中央提出精准扶贫理念，创新扶贫工作机制。党的十九大把精准脱贫作为决胜全面建成小康社会必须打好的三大攻坚战之一，到 2020 年现行标准下的农村贫困人口全部脱贫，是党中央向全国人民作出的郑重承诺。近年来，在习近平总书记亲自谋划、亲自部署、亲自推动下，构建起专项扶贫、行业扶贫、社会扶贫等多方力量、多种举措有机结合和互为支撑的"三位一体"大扶贫格局，动员全党全国全社会力量，推进中国减贫事业取得举世瞩目的成就。

上海市认真贯彻落实习近平总书记关于扶贫工作的重要论述，坚持"中央要求、当地所需、上海所能"相结合，按照"民生为本、产业为重、规划为先、人才为要"工作方针，建强机制、精准施策、尽锐出战、持续攻坚，充分发挥上海优势，助力对口帮扶的 7 个省区 20 个地州的 98 个贫困县全部如期摘帽出列。

在这场艰苦的攻坚战中，上海充分发挥社会各界力量，通过加强政府引导和舆论宣传，不断形成社会各界参与的大扶贫格局。上海的企业、社会组织积极响应总书记的号召，活跃在扶贫一线。他们不停留于捐款捐物，而是因地制宜，将"授之以鱼"转变为"授之以渔"，由"输血式"向"造血式"转变，实现互利双赢、共同发展。在扶贫过程中，他们也获得了很多感动，催生了更多动力。

在建党百年、开启全面建设社会主义现代化国家新征程的重要历史时刻，上海市人民政府合作交流办公室与新民晚报社联合编著《加油！脱贫攻坚——上海社会力量在行动》一书。本书由新民晚报记者采写的 34 个上海社会力量参与脱贫攻坚案例，以及专家学者对案例的点评等集合而成。这一个个真实的案例是波澜壮阔的中国打赢脱贫攻坚战的一个侧面，是上海力量、上海温度的生动写照。

展望未来，正如习近平总书记指出的，脱贫摘帽不是终点，而是新生活、新奋斗的起点。解决发展不平衡不充分问题、缩小城乡区域发展差距、实现人的全面发展和全体人民共同富裕仍然任重道远。2021 年起，按照中央的统一部署和要求，东西部协作和对口支援工作任务由原先的助力脱贫攻坚，转变为帮助对口地区实现巩固脱贫攻坚成果同乡村振兴有效衔接。上海的社会力量也将为此作出新的贡献！

目 录

上海复星公益基金会
I 健康扶贫：乡村医生获全方位帮扶 / 方翔

上海真爱梦想公益基金会
10 梦想中心：让山区师生"去远方"研学旅行 / 吴翔

上海市慈善基金会
18 慈善光明行：白内障患者豁然开朗的"救星" / 罗水元

上海市慈善基金会
24 沪青牵手：助力果洛摘掉"贫困帽" / 方翔

上海市慈善基金会虹口分会
30 假肢安装：20 年呵护"行走的渴望" / 叶薇

上海市儿童基金会
37 先心救助：给先心病患儿希望 / 李一能

上海市华侨事业发展基金会
44 乡村浴室：助大山里的孩子洗个热水澡 / 黄佳琪

上海华阳社区华恩爱心志愿服务社
51 绣红计划：扶贫路上她点亮了 935 盏心灯 / 屠瑜

上海哔哩哔哩科技有限公司
58 美丽梦想：建设两所小学，打开孩子视野 / 孙云

上海联劝公益基金会
65 一个鸡蛋：公益徒步让 20 万余人次乡村师生受益 / 陈佳琳、宋宁华

上海市物业管理行业协会
73 圆梦行动：助力"微心愿"，实现"大梦想" / 吴翔

华东师范大学教育发展基金会
80 小小心愿：微公益圆乡村孩子的小心愿 / 宋宁华

张志勇学雷锋志愿者工作站

87 爱心漂流：让上海孩子的校服在云南找到新主人 / 赵玥

上海财经大学教育发展基金会

94 校地结对：脱贫攻坚中的"上财力量" / 李一能

上海市大华公益基金会

103 希望网校：用一块屏幕连接大山内外 / 黄佳琪

上海焕皋公益基金会

110 爱心之石：援建日喀则地质科普馆 / 金雷

上海临港公益基金会

116 远程教育：孩子的眼睛一秒钟也舍不得离开屏幕 / 姜燕

上海浦东新区一心公益发展中心

123 书画梦想：把童年描绘成彩色的模样 / 杨欢

上海普瑞公益基金会

130 点亮明眸：为更多孩子带去光明与希望 / 罗水元

上海青年志愿者协会

138 电脑教室：孩子们打开通往未来的一扇窗 / 屠瑜

上海市青少年发展基金会

146 精准助学：大力帮助建档立卡家庭学生 / 陆玮鑫

上海仁德基金会

152 关爱留守女童：构建 3 个"1"生理期关怀 / 赵菊玲

上海仁德基金会

158 营养一餐：让偏远地区的孩子每顿都能吃上肉 / 杨洁

上海杉树公益基金会

165 受助助人：让知识改变命运，用生命影响生命 / 杨欢

上海市教育发展基金会

172 双语奖教：为喀什优秀教师设立奖教金 / 金旻矣

上海思麦公益基金会

179 中职项目：让大山里的孩子有了一技之长 / 赵玥

上海特殊关爱基金会

186 赠保暖服：这股来自上海的暖流温暖人心 / 孙云

上海相宜公益基金会

192 情系维西：大山深处的"本草课堂" / 孙佳音、叶薇

上海星舍公益基金会

199 点亮心愿：5000 里救援，只为一颗健康的心 / 姜燕

上海新湖天虹城市开发有限公司

207 乡村幼儿园：娃娃在家门口收获温暖 / 杨洁

上海市志愿服务公益基金会

213 爱心天使：让阳光照到每个孩子 / 陈佳琳、宋宁华

上海市志愿服务公益基金会

219 空中课堂：为更多藏区孩子打开看世界的窗 / 陆玮鑫

上海众谷公益青年发展中心

227 再生电脑：为孩子打开世界的大门 / 毛丽君

上海中梁公益基金会

234 书香中梁：让山村的孩了爱上读书 / 鲁哲

健康扶贫：乡村医生获全方位帮扶

羊拉，藏语意为"牦牛的角尖"。羊拉乡地处云南、西藏、四川的三省交界处，是德钦县最偏远的乡镇，也是最后一个通公路的乡镇。由于海拔高，气候恶劣，羊拉乡有"云岭北极"之称。村里的公路就建在甲午雪山脚下，人们常用"人在天上走，鹰在脚下飞"来形容进村的艰难。李永生就是在这守护着5781名羊拉乡四个村村民的健康。今年，他被上海复星公益基金会（以下简称：复星基金会）评为健康中国 2020 全国十大暖心乡镇卫生院院长之一。

让村医更安心

来到羊拉乡之前，李永生在云南省德钦县生平镇阿东村做了19年村医，熟悉阿东村每一位村民，深受村民爱戴。2014年，他以优异的成绩被特招为德钦县正式的医生，并被分配到德钦县最为艰苦的羊拉乡任院长。

"刚来的时候，卫生院条件非常艰苦，不仅医疗条件欠缺，仅有的一个药房一个注射室卫生条件也不达标，村民生了病得不到有效的治疗。"李永生回想起三年前自己刚接手羊拉乡卫生院的时候，依然十分感慨。

首批大学生志愿者
服务西部计划"关
爱乡村医生分项"
的40名队员集体出
征奔赴一线

　　村里有许多老人腿脚不便不能去卫生院看病，所以李永生也经常背起沉重的药箱，带上血糖仪、B超机等机器，去各个村庄里给村民看病。山路蜿蜒崎岖，村与村之间相隔很远。他走在半山腰的公路上，稍有不慎就会跌入脚下的万丈深渊，他却轻车熟路如履平地。

　　由于条件艰苦，羊拉乡留不住年轻人，鲜有人愿意留在村落里，李永生为此付出了许多心血。在他的努力下，如今有一批年轻人也像他那样扎根于基层卫生院。鲁茸吾姆现在是羊拉卫生院的口腔医士，她从开始的不适应，到后来被李永生一心为村民的精神所感染，"李院长在工作上对待病人严谨认真，一丝不苟；在生活上也处处为我们着想，帮我们解决了食宿问题，让我们没有后顾之忧地在羊拉乡工作。"

　　对于复星基金会联合中国光彩事业基金会、中国人口福利基金会等发起了乡村医生健康扶贫项目，李永生表示其对于提高乡村医生的基本保障和执业水平，提升基层医疗服务动力非常有帮助。

实地调研、精准施策

2020 年 1 月 13 日，李永生入选全国暖心乡镇卫生院院长，并于 8 月 29 日前往青岛参加发布仪式，由复星基金会提供差旅住宿参加发布仪式，并获得复星基金会提供的 3 万元现金奖励并佛山禅城医院进修。

"以奖代扶的方式是'乡村医生健康扶贫'项目的另一大特色。奖励，不仅停留在奖金层面，还有精神上的支持与荣誉。"复星基金会秘书长张翼飞表示，"我们对于入选院长、村医，复星基金会将向每位获奖者提供 3 万元奖励金，并安排进修学习。"

据张翼飞介绍，上海市合作交流办联合上海市嘉定区合作交流办在上海市民政局的牵线指引下，乡村医生健康扶贫项目于 2019 年 9 月 5 日落地德钦县，并派出集团优秀专职人员郭帅驻县帮扶，2020 年 8 月 1 日，上海团市委选拔优秀的西部计划志愿者赵重继续扎根在德钦县开展帮扶工作。

"乡村医生健康扶贫项目委派我作为扶贫队员，以到德钦县驻县一年的形式，开展围绕德钦县乡村医生的帮扶工作，我工作的具体内容就是要尽我所能地多走访，实地了解乡村医生的现状和需求，然后在一定调研结果收集基础上归纳总结为普遍性和特殊性的问题，并针对性地去解决。"郭帅透露，目前项目开展"五个一"工程（一个乡村医生保障工程、一个乡村医生技能提升计划、救助一批贫困大病患者、组织年度暖心乡村医生评选、升级智慧卫生室）实现"我们守护村医，村医守护百姓"的主旨。

29 岁的郭帅是复星的一名员工，自 2018 年 3 月参加复星"健康暖心——乡村医生健康扶贫"公益项目，第一年是在大理州永平县驻

2018 年 6 月，郭广昌先生给卫生院村医赠送意外险

2019 年 5 月，复星基金会组织乡村医生到三甲医院进修

点开展帮扶工作，第二年他主动提出来要选择来德钦县驻点，德钦县隶属云南省迪庆藏族自治州，县城所在的升平镇海拔为 3400 米，郭帅走访了德钦县 4 个乡镇的下属 30 个行政村，为全县 86 位乡村医生激活了意外保险。

在郭帅看来，"乡村医生健康扶贫项目"开创"一年一人一县"的扶贫摸索，初衷就是要把项目帮扶工作做充分，做到实处，又要尽量保证精准，每县的经济、地域、人口、民族都有不同，如果全国政策一刀切，就不是精准，所以我们就是通过人来实地调研，把握真实情况后，再精准施策。

打下坚实健康基础

2019 年 12 月份，复星基金会为德钦全县 80 位乡村医生激活意外保险（出行无忧意外险保额为 10 万元）。2020 年初，为全县 56 位 45 周岁以下的乡村医生激活重大疾病保险（重大疾病保险等待期 3 个月，保额为 10 万元）。

复星基金会还联合北京宝宝树公司，为德钦县捐赠 33000 册儿童读本，价值 152300 元，助力德钦县儿童教育事业发展，促进儿童健康快乐成长。为了德钦县孕妇、宝妈、婴幼儿提供学习和活动的场所，让妈妈们学会科学孕育、科学养育，2019 年 12 月 8 日乡村宝宝树共育中心在德钦县升平镇社区卫生服务中心挂牌成立，共育中心投入 50000 元资金，设计共育中心的装饰布局并添置共育中心所需的硬件设备及软件教程。

2020 年下半年复星基金会计划为德钦县的乡村医生在执业技能培训上给予支持，计划组织高潜力、学习力强的年轻村医到县人民医院、中医院脱产学习，真正提升乡村医生的实操技能。

张翼飞表示，乡村医生健康扶贫项目在德钦县取得了一定的成效，"展望未来，我们也会在实践探索中不断地对项目进行更新迭代、优化帮扶内容，从而更精准、更有效地帮扶乡村医生群体，尽企业之所能助力基层健康，资源将形成集聚效应，在脱贫攻坚战中为乡村人群打下坚实的健康基础。"

作者：方翔　刊发日期：2020/10/16

▌案例点评▌

当阅读了云南省德钦县羊拉乡李永生医生守护5781名村民健康的事迹后，我们是否体会到一位（群）普通的乡村医生在身边暖心照护居民健康，是否感受到最可爱的健康卫士在为村民防病治病、提供专业的医疗服务。在艰苦的自然环境中，在落后的装备条件下，拿着微薄的工资收入，乡村医生们构建起了服务基层群众健康需求的坚实网底，成为脱贫攻坚战役中解决"因病致贫"的医疗服务守卫者，成为医疗服务体系中最为普通、最不起眼但不可或缺、受人尊敬的最可爱健康卫士。

而这则新闻也反映出乡村医生执业的甜酸苦辣，如何帮扶边远地区乡村医生，当新冠肺炎等传染性疾病或慢性非传染性疾病来袭时，他们能安心扎根基层、倾力奉献、保障社区健康？复星基金会和其他一些社会组织、复星集团以及复星年轻的志愿者们，发挥企业和社会各方的社会责任，走出了健康精准扶贫的创新之路。他们以"我们守护村医，村医守护百姓"为主轴，落实开展"五个一"工程（一个乡村医生保障工程、一个乡村医生技能提升计划、救助一批贫困大病患者、组织年度暖心乡村医生评选、升级智慧卫生室），围绕守护、赋能与激励村医三大重点，切实提高或改善乡村医生的保障待遇、专业技能、职业价值和工作条件等，形成了医者乐其业、劳者有其得、老者有其养、优者有其荣、病者有其医的良性社会氛围，为贫困地区培养并留住合格乡村医生，提升基层医疗卫生服务能力和可及性，减少因病致贫、因病返贫率，助力国家脱贫攻坚和乡村振兴战略。

卫生人力资源是医疗服务体系中最活跃的因素之一，守护乡村医生的项目构想和实践，坚持以基层为重点，以改革创新为动力，发挥公民社会作用，促进良性医疗生态的发展，扎牢坚实健康基础，必将助力于健康中国 2030 战略的实施。

复旦大学公共卫生学院　陈英耀

▎机构简介▎

上海复星公益基金会成立于 2012 年 11 月，自成立以来，秉承"修身、齐家、立业、助天下"的理念，深入践行企业社会责任，坚持服务社会、服务人民、服务国家。是以复星集团为主要捐赠人的公益行为体。上海复星基金会的从事业务包括：自然灾害救助、扶贫助残、资助文化公益事业、资助教育公益事业、资助青年创业就业及其他社会公益事业。上海复星公益基金会累计捐助额达 4.01 亿元。

脱贫攻坚是习总书记在党的十九大上确定的对全面建成小康社会最具决定性意义的三大攻坚战之一。时光荏苒，2020 年脱贫攻坚战役的总决战已迫在眉睫，贫困地区农民因病致贫、返贫问题也日趋突出。

上海复星公益基金会致力于脱贫攻坚开展了旗舰项目"健康暖心——乡村医生健康扶贫项目"。项目致力于服务中国农村 150 万乡村医生群体，通过为贫困地区培养并留住合格乡村医生，提升基层医疗卫生服务能力和可及性，减少因病致贫、因病返贫率，助力国家脱贫攻坚和乡村振兴战略。

乡村医生健康扶贫项目采取多措并举，立体帮扶，通过派企业员工、志愿者驻点扶贫的方式，开展以"五个一"工程为代表的系列帮扶行动。项目计划至少开展 10 年，到 2020 年将覆盖全国近 100 个贫困县的 30000 名村医，至少惠及 3000 万村民（"五个一"包括：一个村医保障工程［专业培训＋保险赠送］、一个村医能力提升计划、一批贫困大病患者求救助、一批优秀乡村医生推选、一批智慧卫生室建设）。同时建立了政府、企业、NGO 多方协作模式。经复星多方协调，乡村医生项目获得了国家卫健委扶贫办的全程专业指导和统战部、工商联等部门的政治把关，由复星基金会和中国人口福利基金会、中国光彩事业基金会联合执行，实现"国家队"、"地方队"、"民企队"三方有机配合的健康扶贫新模式和社会力量广泛参与健康扶贫的新格局。

价值与意义

目前为止，上海复星公益基金会阶段性成果丰硕。其中赠送总赔付额超过 54 亿元的意外和重疾保险线上线下培训村医 20196 人次，完成 298 间村智慧卫生室升级改造，救助大病患者 182 例，已守护 22192 名乡村医生，惠及近 300 万户贫困家庭，其中直接受益的建档立卡人口 111.4 万人。年度暖心乡村医生及乡镇卫生院院长案例征集推选活动，共奖励了 40 名"暖心乡村医生"和"暖心乡镇卫生院院长"。家庭医生慢病管理签约服务包项目，已拨付 32 个项目县共计 637.2 万元项目款。贫困大病患者专项救助，在大病平台上线筹款 182 人，救助总金额达 273 万元，配捐资金已使用 45 万元。"龙门梦想计划"为引起乡村医生对资格证书的重视，已为项目县 326 位考取乡村全科执业助理医师的乡村医生发放奖励金 97.8 万元。此外，推动复星成员企业通过"党建＋公益"等活动，组织优秀党、团员等关注和走访乡村医生健康扶贫项目点，为贫困地区捐款捐物，过去两年，复星通过 69 个贫困县的村医体系向贫困村捐赠了价值 2196 多万元的药品、电脑、营养品、图书、衣服等物资，进一步带动了农村和谐社区建设。

精准扶贫，关注扶贫薄弱环节，找准脱贫关键抓手。相对于教育扶贫、产业扶贫等，健康扶贫获得的关注和资源投入较为不足，同时，已有健康扶贫项目集中在大病救助上，对农村基层医疗卫生服务保障的关注较少。而在我国现有基层医疗体制下，乡村医生承担着为农村人口提供基本医疗保障的重任，但他们普遍面临知识结构老化、工作能力不够、收入待遇不高、体制保障缺乏、人员流失严重等问题，导致基层健康缺少"守门人"。所以，必须全力以赴打赢脱贫攻坚战。

上海真爱梦想公益基金会

梦想中心：让山区师生
"去远方"研学旅行

　　"这是他们走出家门的第一次，有了这一次的大开眼界，孩子们将会加倍努力学习，走出大山，走向更远的远方，你们的未来不是梦，只要有梦想就一定会实现。"云南昆明禄劝县屏山小学老师王邦平说，去年她带着孩子们一起参加了上海真爱梦想公益基金会组织的第六季"去远方"研学旅行活动，去了北京。"一周很快就过去了，但是，美好的回忆一定会留下很久很久。一周来，同学们真的学到了很多，从好奇腼腆胆小到熟悉大方坦然，从开始的不知所措到后来的得心应手，从任性计较到能顾全大局，从消极被动变为积极主动，小伙伴们真的在慢慢长大了。这将是他们这辈子最难忘的一件事吧！"

诗和远方，给孩子的礼物

　　生活不止眼前的苟且，还有诗和远方！远方，相信每个人的心里都有一个向往的远方。"我认为远方是离我们很远的地方。""我认为远方是我们没有去过的地方。""我认为远方就是我们的梦想"……青海省西宁市国营寺学校靳帑祖老师曾经问过很多班级，听到过很多回答，但是像这三种的回答是他听到最多的也是记得最清的。孩子们

王邦平老师（左一）和孩子们在研学路上

争前恐后地回答完问题后，靳帑祖又抛出一个问题：那你们想去远方吗？突然教室一下子安静了下来，孩子们脸上的表情是惊讶的，他们很吃惊。或许他们在想这个老师是在开玩笑吧，怎么会问这样的问题！我们的孩子想都不敢想，他们就觉得远方离他们很遥远。

其实，远方并不远！

去年6月，上海真爱梦想公益基金会第六季"去远方"研学旅行活动启动，"去远方"研学旅行活动是一项依托梦想课程《去远方》帮助孩子们走出校门，自主探索广阔未知世界的综合实践活动。作为项目制学习课程，在16课时里，孩子们要在老师的指导下，设计出

靳帑祖老师和孩子们
在研学路上

一次以小组 4-6 人、7 天、预算在 1.8 万以内的研学旅行计划，为了
自己想去的旅行目的地，自主设定目标、规划路线、制作预算。每年
暑假，真爱梦想招募 150 位志愿者作为评委经过三轮评审从全国各个
班级提交的研学旅行方案中，选出评委们心目中最有创意、思考最详
细、最有童心的队伍，通过网络众筹的方式，让孩子们实现"去远方"
的梦想。同时，也鼓励孩子们真实地了解城乡现状、文化历史，激发
他们在旅途中成为自信、独立自主、有担当的勇敢追梦人。

出发前，提交"去远方"的方案，是一次在心中种下梦想种子的
过程。靳帑祖带着孩子们分享了去远方课程的第一课时《旅行的意义》，
这一课是对去远方课程的总体的归纳概括和介绍，上完了这一课，孩
子们心中就种下了一颗去远方的梦想种子，这颗种子从此在他们心中
扎根发芽了！为此老师也做了照顾他们梦想种子的园丁。"只要他们
心中有梦，我就愿意浇灌他们的梦想，让梦想的种子生根发芽开花结
果！于是我和梦想的故事就拉开了篇章……"

　　和靳帑祖一样，王邦平在云南昆明禄劝县屏山小学也和孩子们一起，憧憬着远方，"2019年'去远方'项目从3月份的报名到5月份的方案提交，我和孩子们经历了几轮修改，最后有3个小组的方案圆满提交。在漫长的等待中，6月份公布全国888个学校的方案有60个学校获得出行，我们去北京小组获得出行资格。孩子们高兴地载歌载舞，没有入选的小组既遗憾又为能去的小组喝彩。"

　　最终，从全国各地4000多个孩子约900份的旅行方案中，综合可行、创意、安全等各种因素，选出了60支团队，王邦平和靳帑祖都各自获得了带着同学们去北京的机会，上海真爱梦想公益基金会副秘书长陈馨表示，孩子们对于未来的憧憬会因为一次次看世界的旅行而丰富起来，他们能看到更多的可能性，对未来拥有更多的自主选择权利，最后才能成为一个真正的有担当的追梦的人。"去远方是我们给孩子的一个礼物。"

以梦为马，怎么会觉得累

　　到了出发的那一天，"孩子们都是第一次离开家，其中有5个孩子是第一次乘飞机，第一次坐火车，第一次坐地铁。"王邦平说，"在天色蒙蒙亮的早晨，别过父母，开始了我们的远行。"

　　一路上，孩子们雪亮的眼睛看什么都是惊喜的：飞机、火车、摩天轮、海洋世界、天安门、皇家宫殿等等，孩子们每到一处都怀着激动的心情，积极探索的大眼睛，打算把整个北京看个遍，"我真心佩服孩子们不会累的精神。比如那天去长城，我们在去的路上经历了堵车的漫长等待，在守护者老师的帮助下我们在车上完成了一轮自我介绍，一轮猜谜语大赛，几轮成语接龙大比拼。这座拥有几百年历史的八达岭长城终于到了，孩子充满自信想要征服它。"王邦平说，"我们越过一个个烽火台，我已经很累，但孩子们都在往前冲。"眼看到了最高的烽火台，问孩子你们还可以坚持吗？每个人的回答都是那么的坚定，还齐声说，"不到长城非好汉，到了长城一身汗，没什么大不了的"。"渐渐地，孩子们遇到外籍人胆子越来越大，不仅仅是要求拍合影了，还和他们聊得很欢快，全班完成了和陌生人交流 55 次，与外籍人对话 36 次，与外籍人合影留念 41 次。"

同样是在北京，靳帑祖他们班早晨先去圆明园，"当我们集体一起进园的时候，看到了两位外国妇女，我们队的艳艳从昨天就念叨着想和外国人拍照。她直接上前就和外国人进行半语言半动作交流，成功地取得和外国人拍照的许可，我们小组成员也就有了第一张和外国人拍的照片。我们那边的孩子一直英语水平不好而且都比较胆小，但是今天看到艳艳的表现，我真的为她的行动感到欣慰，她能突破自我，能够敢于交流这就是她的进步，这就是我们此次去远方的一种收获。"靳帑祖说："他们都是来自雪域高原的孩子，因为地区教育的差异性孩子们都比较内向，在这次活动中，不仅仅看到了孩子们的进步，也看到了他们自信的一面，孩子们也慢慢把自己的想法勇敢地表达出来，遇到困难也不再退缩，尝试着自己解决，或者寻求他人的帮助。看到孩子们在远方的城市勇敢追梦，为了践行方案辛苦奔走留下的汗水，每完成一个小任务、一个小打卡开心的笑脸，作为老师的我为他们开心，也为他们自豪。"

每个人心里也都有一个远方，带着孩子们走近远方，才能让心中的梦想变得触手可及！

作者：吴翔　刊发日期：　2020/08/05

▌案例点评▐

　　上海真爱梦想公益基金会从2008年成立以来，即以公开透明、专业高效的运作方式，在公益慈善领域内享有盛誉，基金会将商业化的工具、方法引入了公益行业，提高公益资源使用的效率。

谭燕老师和孩子们合影

真爱梦想公益基金会专注于教育公益领域，在创始人潘江雪理事长的带领下，12年来不忘初心，构建了以梦想中心为核心的"硬件＋课程＋培训"的一整套、系统性的服务体系，在全国几百个偏远贫困区县落地，建设了4000多间梦想中心，将优质的教育资源引入，拓宽了贫困区县孩子们的视野，提升了贫困地区老师的专业能力，有效推动区域教育生态的发展。

特别的是他们在项目落地的过程中，联合当地政府、捐赠人、学校，探索形成了政府和捐赠人配套出资、基金会赋能支持、学校配合落地的公益合作模式，为贫困县教育的脱贫攻坚做出了卓有成效的贡献。

徐家良　上海交通大学国际与公共事务学院教授

中国公益发展研究院院长

▌机构简介▌

上海真爱梦想公益基金会（下简称"真爱梦想"）是由时任金融机构高管的潘江雪女士与几位朋友发起，于2008年8月14日在上海市民政局注册成立的公益基金会。2014年1月，经上海市民政局批准，真爱梦想转为地方性公募基金会。随着脱贫攻坚工作的持续推进，缺衣少食的绝对贫困被消灭，知识的贫困或将成为切断贫困代际传递的最大障碍，除了知识的构成，青少年儿童能否在学校习得应对未来生活挑战的关键能力和必备品格，是培养人的核心。由此，真爱梦想将自己定位为一家帮助孩子们"上好学"和"学得好"的基金会。

"发展素养教育，促进教育均衡，以教育推动社会进步"是真爱梦想的使命，"帮助孩子自信、从容、有尊严地成长"是机构愿景。从成立之初开始，真爱梦想即专注于构建素质教育的公益服务体系，形成了"梦想中心＋梦想课程（校本课、综合实践课）＋梦想领路人培训"三位一体的素质教育扶智体系。

梦想中心：是集多媒体、图书、互动式投影仪、平板电脑为一体，按标准化模式建设的素质教育功能教室，丰富和拓展了义务教育阶段学校的硬件设备和教学环境；

梦想课程：在华东师范大学课程与教学研究所崔允漷教授的指导下，真爱梦想基于"全人教育"理念，开发出了融合问题探究、团队合作、创新创造、环境保护、情绪智能等元素的跨学科综合实践课程，目前梦想课程包含有 37 门不同主题；

梦想领路人培训：围绕梦想课程在区县、学校内的落地实施，真爱梦想开展针对受助学校教师、校长、在地教育部门领导的培训，为教师的专业化发展和区域教育生态变化助力。

十二年时间，真爱梦想探索出了政府、捐赠人（企业、社会公众）、基金会、受助学校跨界联结的 PPPS 模式，以公益机构跨界链接多方资源、共同参与的形式，确保扶贫资金公开、高效的使用，教育扶贫扶智的效果可跟进、可评估。十二年时间，"梦想中心"素养教育服务体系进入 242 个贫困县，累计捐赠梦想中心达到 1680 家，筹集和投入社会帮扶资金约 2.42 亿元，年度服务期内覆盖贫困区县学校师生近 170 万人。

上海市慈善基金会

慈善光明行：
白内障患者豁然开朗的"救星"

从云南到贵州，从贵州到西藏，从西藏到新疆，从新疆叶城到新疆莎车……繁华都市里，一支汇聚医疗界大拿的"慈善光明行"志愿者队伍，已豁命前行15年，成为老少边穷地区白内障患者豁然开朗的"救星"。经上海市人民政府合作交流办公室和上海市慈善基金会牵线，志愿者们不久又将前往新疆巴楚，在"活着千年不死、死后千年不倒、倒下千年不朽"的胡杨树边，开展新一轮的义诊与手术……

一念善起"光明行"

就像白天不懂夜的黑一样，久居低海拔地区的人，不一定懂得高海拔地区人们对光明的珍惜与渴望。因为海拔高日照长，红外线与紫外线辐射强，高原眼病更加易发。其中的一个眼病，就是主要致盲疾病之一的白内障。

但这一点，15年前就被上海市普陀区中心医院副院长、眼科专家张兴儒（2017年因病去世）敏锐注意到。当他在一个西藏学者讲座上，看到一张张幻灯片呈现出西藏当地百姓无医可求境遇时，便萌生了一个想法：用一把手术刀、一颗诚挚心，尽可能去帮助老少边穷地区群众。临近北大读EMBA毕业之际，张兴儒便与同学们建议做一件善事，

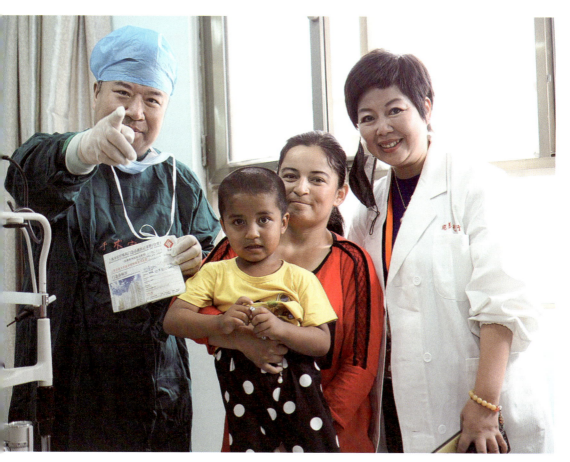

去藏区义诊。

　　一念善起，万事花开。此后，一个"慈善光明行"的公益行动，便由上海市知名眼科专家团队、北京大学国家发展研究院优秀校友及全国爱心人士共同发起，以援助贫困地区白内障患者复明为己任。

　　与一般慈善组织不同的是，"慈善光明行"公益行动中，无论是医生、护士，还是其他社会爱心人士，参加"慈善光明行"公益行动前，都必须捐款捐物捐劳动。捐后，不论原来的身份与职务有多高，都统称为志愿者，不但没有任何报酬可拿，还要服从管理，并作好进一步捐款捐物的准备。

豁命前行 15 载

　　"我不知多少人看不见蓝天白云、看不见日月星辰；我愿用双手，助他们重建光明；我愿化作彩虹，助他们恣意翱翔。"上海交通大学医学院附属新华医院眼科主任赵培泉教授几乎参加了"慈善光明行"

全部公益行动，也是"慈善光明行"公益行动的现任领队，他说，"慈善光明行"已豁命前行 15 年，15 年来，他和其他志愿者一样，就希望能多帮助一些患者重见光明。

这样的目的，单纯、朴素，但实施起来并非易事。

首先，"慈善光明行"的帮助对象不一般。他们的白内障晶体，往往被高海拔紫外线照得更加坚硬，切除白内障时，更难，花的时间也更多——有时，一个手术所花时间是上海同类手术的几倍；同时，部分少数民族患者不是黄色人种，眼窝更深更窄，手术难度更大。

其次，"慈善光明行"义诊与手术的环境也"先天不足"。由于受助地区往往海拔高氧气稀薄，志愿者做手术或护理时，往往要背着氧气瓶；由于场地有限，他们有时还要搭帐篷、打地铺。

然而，就是在这样的条件下，"慈善光明行"的志愿者们，想到的还是患者。为了将患者送进手术室又接回病房，运送的志愿者，一天行程达到了 13 公里；为了在一天内测试好上千人的视力，有的志愿者最后累得靠墙就能睡着；为了及时了解患者情况，志愿者到打地铺的病房里查房时，甚至跪到了患者面前。

为了解决病床不足的窘境，有一次，几位志愿者竟自掏腰包，一次性拉回了 23 张折叠床。而一位著名的经济学家，加入"慈善光明行"志愿者队伍后，不但曾一连四天为患者点眼药水，还弯下腰为病人穿鞋套，以至于有的病人一度还以为那位经济学家只是一个普通的男护士。

对于患者的要求，他们更是有求必应。有一次，从一个术后的 6 岁小孩那得知其家里还有两人未能一同过来做手术后，"慈善光明行"志愿者们便当场捐款。还有一次，义诊最后一天行将结束时，见不期而至的一名先天性白内障失明女孩有复明希望，"慈善光明行"志愿者们硬是在原备人工晶体用完的情况下，想方设法从上海急调人工晶体，以最快的速度空运过去。一问，那些床都是他们自掏腰包紧急买的。

豁然开朗"新世界"

通过"慈善光明行"公益行动，一位老奶奶第一次看清了四岁孙子的真容，一位与白内障母亲相依为命的男子说终于可以走出大山去打拼了，一对结婚两周的塔吉克族新人，也第一次真正在双方妈妈（双方妈妈原来都有白内障）"眼前"牵起了手……

统计显示，自 2006 年发起以来，"慈善光明行"的足迹已遍布全国 10 个省 14 个地区，累计义诊 2.15 万余人次，完成手术近 2500 例。这些手术，全部成功！面对豁然开朗的新世界，一个个受助者欢呼雀跃，载歌载舞，有的甚至跪在"慈善光明行"志愿者面前千恩万谢……

然而，在"慈善光明行"公益行动中说感谢的，有着豁然开朗"新世界"的，不只是受助者，还有志愿者。

就在去年，两位参加志愿行动的学生，考上了医科大学。他们说，参加这样的志愿行动，让他们看到了妙手仁心的价值，让他们有了学医的新动力。

更有医生坦言，以往应一些慈善机构之邀为受助患者做手术后，机构会给予一定报酬，而在"慈善光明行"公益行动中，医生也是志愿者，做手术非但分文不取，有时还需出资，有着一种帮助别人快乐自己的快乐，一种幸福别人而幸福自己的幸福——这种快乐与幸福，源自人内心，单纯豁达，如同巴楚胡杨树一样，有着更强的生命力。

作者：罗水元　刊发日期：2020/11/6

▌案例点评▌

当一件事可以汇聚很多人，当一件事能坚持做 10 多年，不仅没有停下脚步，反而联接了更多的人，做了更多的事，我相信这即是一个有生命的组织，一个有活力的组织，一个懂得协同、可持续发展的组织。

目前我们所处的环境正在不断升级并向着高度数据化转型。升级意味着卓越的品质，意味着更专业、更精细，高度数据化意味着未来将建立以数据为核心的更高效能的创新模式。高度数据化的时代是一个全新的时代，它让更多的组织站在了同一个起点，获得了更多的发

"慈善光明行"
公益项目义诊现场

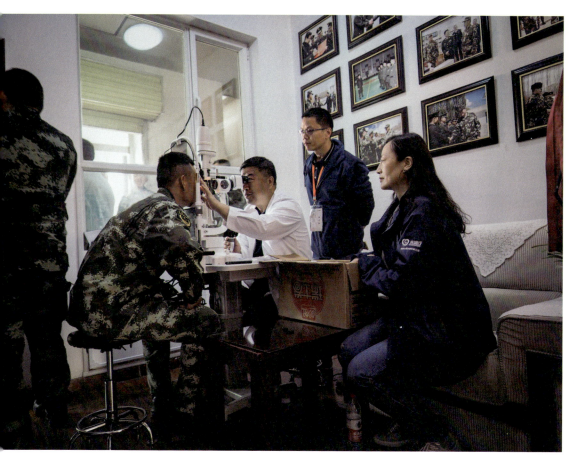

"慈善光明行"
公益行动在红旗
拉普边防义诊

展机会。然而，我们需要看到，新时代下的创新不同于以往的变革和
颠覆，它是基于深度互动、深度研究、对现有事物的高度重组。因此，
组织发展的核心是协同，组织发展的前提是联接。

　　慈善光明行即是一个典型的共生组织，依靠着组织内部的高度协
同性，实现了由眼科白内障手术到全科诊疗的跨越式发展，用实际行
动传播着公益精神，通过与外界主动联接的方式，让更多的人了解到
了公益，让越来越多的人听到了公益的声音，影响并带动了一大批人
开始关注公益事业的发展，一定程度上促进了公益事业的健康发展，
也推动了社会文明进步的步伐。

北京大学国家发展研究院 BiMBA 商学院院长

陈春花教授

上海市慈善基金会

沪青牵手：助力果洛摘掉"贫困帽"

久美，藏语"永恒、长久"之意。在青海果洛州玛沁县大武镇有一个扶贫安置小区，其名字就叫"久美家园"。其中就有"沪青慈善牵手果洛行"扶贫助困系列项目的救助对象。

搬迁一户稳定脱贫一户

48 岁的西夏和妻子拉吉，曾是青海省果洛藏族自治州玛沁县的贫困户。2018 年年底，他们一家从地处牧区深处的当洛乡查雀干麻村，搬迁到了县城所在地大武镇的扶贫安置小区——久美家园。

"我们家是少畜户，生计主要靠帮乡亲放牧、打零工，收入本就没多少，孩子又小，日子过得紧巴巴，加上牧区基础条件差、生活不便，生火做饭，全靠拾牛粪！"西夏不好意思地笑了，"靠政府发放的草原生态奖补资金，我们攒了两三万块钱，把房子简单装修了一下，又买了点家具。"

如今，西夏温暖的新房明亮整洁，电视、冰箱、电灶等家用电器一应俱全。西夏和拉吉现在从事环卫公益性岗位工作，两个人月收入4000 元，再加上草原生态奖补、配套产业分红，"我们自己还卖一些酥油、曲拉补贴家用"，全家年收入 5 万余元，顺利脱贫摘帽，实现搬迁一户脱贫一户。

"沪青慈善牵手果洛行"扶贫助困系列项目第四期资金
发放仪式

玛沁县搬迁 7 个乡镇 21 个村的建档立卡贫困户 716 户 2605 人，
2019 年 7 月全部入住，并正式命名为久美家园。同时，结合推进新型
城镇化，进一步提高集中安置比例，完善安置区配套基础设施和公共
服务设施，严守贫困户住房建设面积底线，统筹各项扶贫和保障措施，
确保搬迁一户、稳定脱贫一户。

沪青慈善牵手果洛

果洛藏族自治州位于青海省东南部、青甘川三省交界处，属于青
藏高原腹地，现辖玛沁、玛多、甘德、达日、久治、班玛 6 个县，共
有 44 个乡镇、188 个行政村、585 个牧业合作社，全州总人口 21.16 万人，
其中藏族占总人口的 92.87%。

青海省果洛州自 2010 年起成为上海对口支援地区。2010 年 4 月
青海玉树发生地震，上海市慈善基金会募集了 1.16 亿元善款援助灾区。

2014 年，上海市慈善基金会项目发展与客户服务部会同上海慈善物资管理中心资助果洛州玛沁县拉加女子独立学校文具、书包等物资，价值 11.10 万元；开展了"为支边青年助力"项目，为 17 名上海援青干部提供每人一台平板电脑、一副太阳眼镜、一个双肩背包等价值 9.55 余万元的爱心物资。上海慈善物资管理中心还应上海商投公司请求，于 2014 年和 2015 年为乐都县达拉乡民族团结第一、第二、第三希望小学及贫困家庭妇女儿童援送价值 63.4 万元服装。"沪青慈善牵手果洛行"扶贫助困项目是由青海省政协、上海市慈善基金会和果洛州政协共同参与组织并发起的一项定向助推果洛州精准脱贫的公益项目，旨在将上海市慈善基金会在社会各界、广大爱心人士间募集到的 1000 万元助困慈善基金（其中包含市合作交流办每年给予的扶贫配套项目资金），以户均 2000 元的标准，在五年内通过发放现款的形式，直接发放给 5000 户最困难家庭，助推贫困群众脱贫致富，并按照"中央要求，果洛所需，上海所能"的原则，自 2018 年起在资助困难大学生家庭和妇女"两癌"患者救助方面实行"加法"。

截至目前，"沪青慈善牵手果洛行"扶贫助困系列项目在沪青慈善人的推动下，共救助果洛籍贫困家庭 5000 户，困难大学生 1061 人次，妇女"两癌"患者 157 人次。已发放善款总额达 1300 余万元。

脱贫攻坚战取得历史性胜利

为保障资金顺利送到贫困户手中，在青海省政协领导的关心支持下，果洛州政协 6 次专赴上海进行汇报衔接，累计落实"沪青慈善牵手果洛行"扶贫助困项目资金 1300 万元。

经过五年实践，"沪青慈善牵手果洛行"项目已成为果洛州政协与上海市政协、民革上海市委、上海市慈善基金会间联系的桥梁，成为上海以实际行动支持果洛州扎实推进精准扶贫精准脱贫、助力坚决打赢脱贫攻坚战的一扇窗口。

从繁华的黄浦江畔到壮美的三江源，一份份资助汇聚了社会的温暖。今年4月21日，青海省所有贫困县全部脱贫摘帽。果洛州所属六县也摘掉了贫困帽子，脱贫攻坚战取得了历史性胜利。

作者：方翔　刊发日期：2020/09/16

案例点评

上海市慈善基金会长期以来坚持对本市对口援建地区进行慈善项目援助。为响应国家精准扶贫脱贫攻坚的号召，参与上海市委市政府对口援建工作，上海市慈善基金会在云南、青海、贵州等地区开展各类教育帮扶、医疗救助公益项目，努力促进当地民生的持续改善。近几年主要开展了"双千人计划"——云南乡村医生、乡村教师培训项目、"沪青慈善牵手果洛行项目"、"博爱图书，十年百馆"——贫困地区小学图书馆建设项目以及"贵州毕节教师素质提升工程项目"等对口援建项目。其中"沪青慈善牵手果洛行项目"是比较具有代表性的援建项目之一。

党的十八大以来，以习近平同志为核心的党中央高度重视脱贫攻坚工作，举全党全社会之力，深入推进精准扶贫。上海市是青海省果洛州的对口援建省市，"沪青慈善牵手果洛行项目"通过定向助推果洛州精准脱贫，最大限度地助推当地贫困群众早日脱贫致富，过上幸福美满的生活，也是落实党中央精准扶贫的重大举措。

向果洛贫困户发放助困金

2016-2020 年度"沪青慈善牵手果洛行项目"共救助了青海省果洛州的贫困牧民 5000 人，贫困大学生 1061 人，贫困"乳腺癌"、"宫颈癌"妇女患者 157 人，共计 6218 人。项目把关怀和厚爱送到青海果洛的困难群众身边，让更多的困难群众感受到社会和慈善的温暖。

上海大学社会学院社会工作系教授　范明林

▌机构简介▌

上海市慈善基金会是由上海市政协、上海市文明办和上海市民政局发起，经上海市社会团体登记机关核准登记、具有公开募捐资格的慈善组织。自 1994 年 5 月成立以来，始终坚持"安老、扶幼、助学、济困"的宗旨，"依靠社会办慈善，办好慈善为社会"的理念，以及"人人可慈善，行行能慈善"的信念，致力于发掘慈善资源、实施慈善救助、传播慈善理念，举办了形式多样的慈善活动，广泛动员民众和团体参与，聚社会之善，成社会之爱。

上海市慈善基金会的组织架构分为理事会、监事会、秘书处和各区代表机构。理事会下设项目发展与筹资委员会、战略研究委员会、资产管理委员会、法务委员会等四个专业委员会。监事会有监事长1位、副监事长3位，共9位监事。秘书处下设办公室、客户服务与项目发展部、网联网众筹部、品牌传播部、财务部、内审室等6个职能部门。区代表机构有浦东、黄浦、静安、徐汇、长宁、普陀、虹口、杨浦、宝山、闵行、嘉定、金山、松江、青浦、奉贤、崇明等16个区代表机构。

上海市慈善基金会长期努力打造各类慈善品牌，创办的"蓝天下的至爱"慈善活动，已被列为"上海文化"品牌建设150例重要项目之一。同时，形成了"点亮心愿"、"放飞希望"、"花儿绽放"、"姐妹情"、"多彩晚霞"、"萌芽计划"、"对口支援"、"蓝天至爱计划·CSR在行动"等一批具有良好社会影响力的慈善品牌项目。每年通过开展各类义拍、义卖、义赛、义诊、义演等活动，广泛动员社会各界关注慈善、参与慈善。

上海市慈善基金会是第一批获得"全国先进民间组织"称号的社会组织；是第一批获得民政部5A级称号的基金会之一；多次获得"中华慈善奖"和"上海慈善奖"；连续多年被福布斯中国发布列为中国最透明的25家基金会之一，在"基金会中心网"透明指数排行榜持续名列前茅。

上海市慈善基金会虹口分会

假肢安装：20年呵护"行走的渴望"

骆祥建出生在云南文山州麻栗坡县老山脚下一个美丽却又十分贫穷的山村，5岁那年，小骆与同伴玩耍时被洒落在田间的炮弹炸断了右小腿，手术后伤口不能愈合，炎症加重，不得不反复手术，将大腿截除仅仅剩了5厘米。

田间为何有炮弹？云南省文山州集"老、少、边、穷、山"为一体，上世纪七八十年代曾是对越边境作战的前沿阵地，当地人民为反击战的胜利作出了巨大的贡献和牺牲，也因为战争和生产生活中触雷等原因，造成全州因战伤残4000多人。

上海市虹口区和云南省文山州两地政府共同推动实施了"行走的渴望"特殊伤残人员假肢安装和维护项目，从1999年至今，上海市有关部门和虹口区委、区政府及社会各界累计捐赠资金1945万元，先后为文山州因战致残人员安装义肢近四千肢。

多方合力对口帮扶

多年来，在上海市委、市政府和社会各界的关心下，上海、文山州两地帮扶合作和民政部门联手参与，委托上海假肢厂为文山州因战致残人员安装、修理假肢，取得了良好的社会反响。

上海市慈善基金会虹口代表机构与上海假肢厂、文山州民政局共

同启动"行走的渴望"因战致残人员的假肢安装和维护项目。项目自
2012 年 6 月启动后至 2018 年 12 月间，为文山州富宁、西畴、麻栗坡、
马关等县因战致残人员安装假肢共 726 条、配置腋拐 143 副，总计捐
助资金 556.26 万元。同时，为方便当地因战致残人员就近安装维修
假肢，虹口代表机构参与文山州麻栗坡县和富宁县两个假肢安装维修
站的援建，并为当地从事假肢安装维修人员提供培训服务等，直接把
党和政府的关心送到了边疆的最基层，让祖国西南边陲的弱势群体共
享了大都市先进的技术和服务，体现了政府和社会的责任。

2016 年，上海市民政局、虹口区政协、上海证券交易所公益基金
会共同签订了援助项目三方合作协议，采取市援滇资金出一点、虹口
代表机构出一点、上海证券交易所公益基金会出一点，政府、社会发
挥合力，共同做好上海对口支援和扶贫帮困工作。

虹口代表机构、上海假肢厂与当地民政部门紧密合作，制定详细
的项目实施计划，筛查符合条件的因战伤残人员，采购项目所需零配件、
材料和辅料，打包托运至文山州安装现场。项目实施期间，组织技术
人员赴文山州，按每周安装 30 副假肢的进度推进，整个取模、加工、
试样、包装、交付流程在一周内完成。为方便当地因战致残人员就近
安装维修假肢，虹口代表机构参与文山州麻栗坡县和富宁县两个假肢安
装维修站的援建，为当地从事假肢安装维修人员提供培训服务等。此外，
虹口代表机构还资助由上海市第八人民医院专家和相关部门组成的医
疗志愿者服务团队，赴麻栗坡免费为当地群众实施弹片取出手术。

让"地雷村"变成金山银山

20 多年来，上海市各界干部群众长期在思路、资金、项目、人才

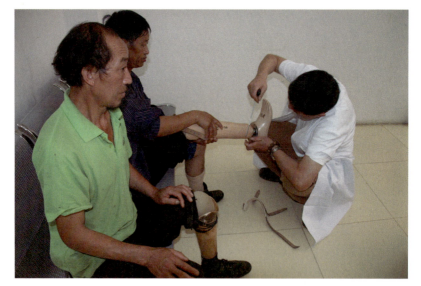

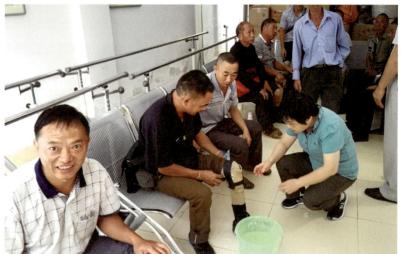

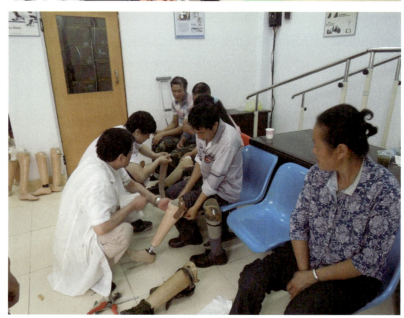

工作人员为肢残人员
安装、修理假肢

等各方面给予了文山鼎力支持，用心用情帮助了一大批贫困山区群众脱贫致富，推动了文山经济社会发展，促进了边疆民族地区繁荣稳定。脱贫攻坚战役打响后，上海进一步加大了对文山的帮扶力度，一大批下派干部第一次沉到县城，对接联系贫困户，下乡进村，针对具体乡镇、具体产业、具体的人跑项目、拉资金，为当地脱贫攻坚作出了巨大的贡献。

上世纪七十年代末、八十年代初的那场战火后，麻栗坡县因战伤残人员两千多人，八里河村更是其中一个远近闻名的"地雷村"。上海挂职副县长李晟晖，整合资金建设完善基础设施；牵线搭桥发展种植养殖，引入社会公益扶贫项目物资 2500 万元；推动"心公益助残就业精准扶贫计划"，提供 100 多个人均年收入超过 1.2 万元的公益性岗位，还将全县 1400 多名健在的因战伤残人员纳入保险范围。李晟晖通过帮助更多伤残村民能自力，引导大家就地就近能就业，实现伤残贫困户能脱贫。

如今，在麻栗坡县的八里河村，黄墙灰瓦整整齐齐、村道通往家家户户，塘里养了小龙虾、坡上栽了百香果。

超千名肢残者重新站起来

这些年持续的专项援助，使肢残人员从长年需要他人服侍的"累赘"，变成了生活能自理、能劳动的自食其力者，产生了良好的社会效益。

2014 年，市慈善基金会虹口代表机构联合上海假肢厂帮助骆祥建到上海安装假肢，并带领小骆参观上海的特色景点，感受大都市的繁华。在政府和社会各界的关心下，小骆不负重望以优异的成绩考进了西南林业大学艺术学院环境设计专业，在校期间小骆积极加入了中国共产党，担任团支部书记，多次被评为优秀大学生、优秀团干部和优秀共产党员，被团中央和全国学联评为"中国最强大学生之星"的荣誉称号。小骆多次参加社会实践和义工服务，回报社会对自己的关爱，2018 年还被荣幸地推举为雅加达亚洲运动会的开幕式火炬手，用其残缺的双腿踏上了社会，实现自己的人生梦想。

小骆深有感触地说："站着的人永远想不到躺着的人的心情。这条义肢让我站起来，有了向上的意愿；走起来，有了向前的劲头。它是有血有肉的。"

在市慈善基金会和社会各界的关心支持下，对口支援文山州的假肢项目已走过了 20 个年头，当地一千多名肢残人员重新站立了起来，融入了社会，过上了有自信、有尊严的生活，实现了他们对行走的渴望，也为边疆民族地区和谐稳定贡献了一份力量。

作者：叶薇　刊发日期：2020/10/21

▌案例点评▌

我要为上海市慈善基金会·虹口分会点赞！"行走的渴望"作为上海市十大精品项目之一，是有足够的理由和资格！项目坚持了 20 年，非常不易！

我看，这个项目至少有三个特点：第一，把脉准，云南省文山州在上世纪七八十年代曾是对越边境作战的前沿阵地，当地人民为反击战的胜利作出了巨大的贡献和牺牲，也因为战争和生产生活中触雷等原因，造成全州因战伤残 4000 多人。这是造成当地贫困的重要原因。

扶贫从此入手，把脉准！

第二，投入大。上海市虹口区和云南省文山州两地政府共同推动实施了"行走的渴望"特殊伤残人员假肢安装和维护项目，从1999年至今，上海市有关部门和虹口区委、区政府及社会各界累计捐赠资金1945万元，先后为文山州因战致残人员安装义肢近四千个。

第三，受益广。这些年持续的专项援助，使肢残人员从长年需要他人服侍的"累赘"，变成了生活能自理、能劳动的自食其力者，产生了良好的社会效益。当地一千多名肢残人员重新站立了起来，融入了社会，过上了有自信、有尊严的生活，实现了他们对行走的渴望，也为边疆民族地区和谐稳定贡献了一份力量。这是何等的无量功德！

至美基金会理事长 张美娟

▌机构简介 ▌

基本信息

上海市慈善基金会·虹口成立于 1995 年 12 月，是上海市慈善基金会的代表机构，现位于虹口区水电路1558号304室，自成立以来，始终坚持以"安老、扶幼、助学、济困"为重点，以"依靠社会办慈善、办好慈善为社会"为宗旨，按照"社会化运作、项目化实施"的工作方针，广泛宣传并发动虹口各界社会力量参与到区慈善事业发展中来，多年来于市会的支持下，在助困、助医、助学、助残、助老等领域组织实施了慈善项目，充分地发挥慈善在政府帮困救助工作中的拾遗补缺作用。

组织结构

　　机构现设有办公室、项目部、财务部、物资管理部、宣传部五大部门，共 7 名工作人员（不含兼职的 5 位副会长），在区委、区政府的支持关心下、市会的指导帮助下，结合本区特色及需求，打造了一支素质、专业双硬的慈善队伍。

项目情况

　　多年来，上海市慈善基金会·虹口已逐步与团区委、区教育局、区工商联及各爱心企业单位协作，资金募集力度大大提高，善款从十年前的每年 200 多万元达到了今年的近 1500 万元。截至目前，机构已设立了"慈缘慈善"、"虹口区青少年发展"等 19 个专项基金，涵盖多方慈善领域。上海市十大精品项目之一——"行走的渴望"于 2019 年资助共 165 万元，共计 2290 人次受益，2019 年"百、千、万"项目（即百户急难救援、千人助学和新春万户帮困），惠及 73 户大重病特困家庭，助学帮困 316 人次，累计发放救助金 134.5 万元，保障了区内困难人群的民生工作。对内着力推进"百、千、万"帮困计划的同时，上海市慈善基金会·虹口还联合区合作交流办发起了对外支援云南文山州和青海果洛玛沁县"村企结对扶贫帮困"项目，2019 年共发动 52 家企业、资助 147 个村落建设家园、共捐资 529.5 万元，帮助 800 人次贫困学生完成建档立卡，共计资助 120 万元，用实际行动助力了脱贫攻坚。

上海市儿童基金会

先心救助：给先心病患儿希望

一个先心病患儿压垮一个家庭

穆昌佑是遵义市赤水市人，家中排行老二，家里还有一个姐姐和一个弟弟。昌佑儿时身体很差，经常跑几步就喘息不止，家人带她到医院检查，确诊为先心病，残酷的判决使这个贫穷家庭跌入谷底，数万元医疗费用如天文数字压垮了他们。昌佑父亲身患残疾，丧失劳动能力，母亲常年患病，无法从事重体力劳动，全家的经济来源全靠女孩的长姐微薄的收入。

直到 2018 年 12 月的一天，昌佑一家获知消息，参加了上海医疗专家团队在遵义市汇川区组织的大型先心病义诊筛查，昌佑符合上海市妇联、上海市儿童基金会资助条件，可以赴上海接受免费手术。2019 年 3 月，昌佑一行 5 个贫困先心病患儿来到上海接受手术。手术很顺利，出院半年后，懂事的小姑娘在完成学业之余，会帮家里干一点农活。昌佑特意写下感谢信委托当地妇联转交到上海市妇联、上海市儿童基金会、上海市胸科医院，用纯朴的语言表达对所有帮助过她的好心人真挚的感激。

遵义仁怀市女孩梁霄雅，家中排行老大，有两个妹妹和一个弟弟。全家 8 口人开销全靠 6000 元左右的月收入，日子虽不富裕，但其乐

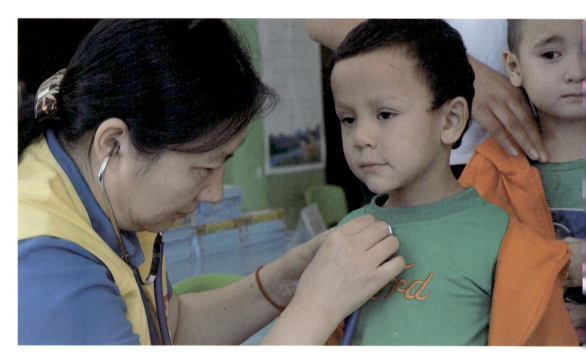

基金会工作人员与合作医院医生正在为孩子进行检查

融融。2015 年 4 月，霄雅因感冒引发感染性心内膜炎，被送至重庆某儿童专科医院做紧急手术。术后 4 年里，身体每况愈下，咳嗽、气喘、发烧、肺炎、疲乏越发频繁。到医院复诊后得知，霄雅的心脏瓣膜病变恶化，需再次进行手术，治疗费用约 10 至 15 万元。这一消息如晴天霹雳击中了这个脆弱的家庭。

2019 年 5 月，霄雅的父亲带着孩子的病历来到上海市扶贫专家组儿童先心病筛查公益活动（仁怀市）的现场求助，但由于霄雅患的是感染性心内膜炎导致的心脏瓣膜病，从病种上不属于慈善先心救助项目范围，且二次手术风险和难度非常之高，一般是慈善手术的"禁区"。在了解霄雅家庭情况后，上海市妇联、上海市儿童基金会破格将霄雅纳入"新生命花儿绽放"贫困先心慈善救助项目。

……

3 年中，这样的故事比比皆是。

"新生命花儿绽放"行动应运而生

中国每年有 15 万–20 万先天性心脏病患儿出生，但其中约三分之一的先心病患儿由于家庭经济以及地区医疗条件等原因限制，无法得到及时有效的治疗，延误了先心病患儿最佳的救治时机。一场重疾犹如一场灾难，沉重的经济负担也压垮了不少家庭，导致"因病致贫""因病返贫"的悲剧屡屡上演。救助一个儿童，幸福一户家庭，"守护儿童健康，关爱儿童成长，助飞儿童梦想"是上海市儿童基金会一贯的理念。"新生命花儿绽放"行动应运而生。

2017 年，为深入贯彻落实东西部扶贫协作，上海市妇女联合会、上海市儿童基金会于 3 月召开上海、遵义两地扶贫工作专题会议，切实了解援建地区的扶贫需求，同年率我国最早获得"小儿先心病"医疗技术发展成就的上海市胸科医院专家一行，赴遵义市凤冈县医院开展儿童先心病筛查工作，并与遵义市妇联签订了"对口支援 扶贫协作"三年（2017-2019 年）行动计划。从原来早期介入先天性疾病矫正手术起步，逐步转入到主动服务国家扶贫攻坚战略。

3 年来，在上海市慈善基金会、上海市胸科医院等机构大力支持下，市儿童基金会先后组织 6 次赴贵州省遵义市凤冈县、桐梓县、湄潭县、道真自治州等贫困县开展医疗救助工作。截至 2019 年，共有 1100 名疑似先心病患儿获得了上海胸科医院医学专家团队专业、全面、细致的筛查。对筛查确诊的 100 名先心病患儿共分 12 批次组织来沪进行手术和治疗。

全部完成 3 年扶贫协作计划，其中 2017 年完成 30 名，2018 年完成 36 名，2019 年完成 34 名，投入资金近 250 万元。2019 年 11 月，上海市儿童基金会、上海市慈善基金会与遵义市妇联已经签订了第二轮"对口支援 扶贫协作"三年行动计划。

没有什么比患儿的康复更令人欣慰

接受筛查的先心病患儿中，年龄最大的为 14 岁，最小的才出生 5 个月，都来自建档立卡贫困家庭。

其中李沐遥未满周岁，父母为了给她治病四处投医问药，无法工作，用完家中全部积蓄。还有单亲妈妈家庭的一对 2 岁双胞胎都得以及时挽救。有一户患儿家庭原本家徒四壁，通过爱心手术孩子已完全康复，孩子的父母也都找到了工作，家里还建起了楼房，实现了脱贫。还有一个 1 岁 10 个月的宝宝，原本不长个儿、不长体重的孩子在半年内从 15-16 斤长到 22 斤，面色红润完全康复；还有个孩子去年做爱心手术，再次复查时，已然恢复健康，能正常生活、正常上学，妈妈和孩子脸上都洋溢着灿烂的笑容……

看到孩子恢复健康，能正常生活、正常上学，基金会的工作人员们都觉得自己的工作很有意义。特别是收到患儿父母写的感谢信："感谢你们大家，我的孩子真的好了。""我一定教育好孩子，从小养成善心，好好学习，长大了报效祖国，帮助他人。"

除贵州遵义外，上海市儿童基金会也全力参与"三州三区"深度贫困地区援助行动，先后实施了上海对口援助地区云南、新疆喀什、青海果洛、西藏日喀则等儿童公益救助项目，为更多贫困先心病儿童提供医疗服务及经济资助，让更多患儿重获新生命，健康成长，并通过此举进一步推进上海与援建地区的交流和合作，传递社会关爱。

作者：李一能 刊发日期：2020/08/18

▌案例点评▌

在不同地区、不同人群中，造成贫困的原因往往是各不相同的。新生儿先天性心脏病以及由此带来的一系列社会问题，是因病致贫群体中的一个特殊类型。受到这一疾病困扰的家庭，在全国的总量虽然不大，

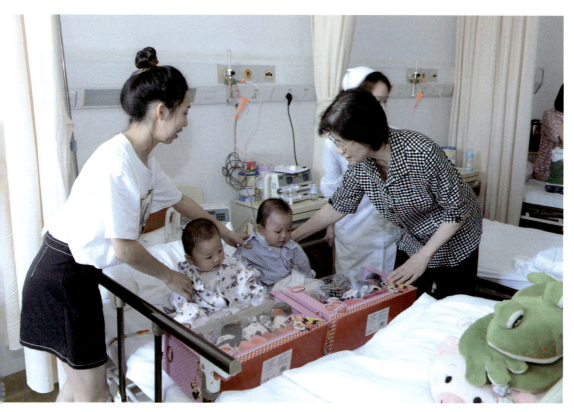

基金会工作人员看
望照顾收助儿童

但是偶发性强、治疗难度大、治疗时间急迫，如不能在一定周期内治疗，会对个人、对家庭、对社会造成不可逆的影响和负担。更重要的是，这一问题的解决不能单单依靠资金资助，而需要多元多层次的救助方式。正是认识到这一问题的紧迫性，上海市儿童基金会实行了"新生儿生命绽放行动"，筹措资金，搭建平台，利用上海市先进的医疗资源，对患病家庭提供精准的医疗救助。"救助一个儿童，幸福一户家庭"，扶贫工作在特殊领域中是有难度的，但扶贫工作的效益是连锁性的。上海市儿童基金会的做法不仅造福了个人和家庭，而且动员了更多社会力量的参与，推动形成了全社会共同参与的大扶贫格局。

李威利　复旦大学马克思主义学院副教授、

复旦大学党建理论研究基地执行主任

▌机构简介▌

上海市儿童基金会（以下简称"儿基会"）成立于 1981 年 5 月，是上海最早成立的儿童公募基金会，具有直接公募及接受海外捐赠的

小朋友完成治疗后，医生与基金会工作人员给他们赠送了文具

资格。上海市妇联为本基金会行业主管单位。2016 年，经市民政局评定为 5A 级优秀社团组织。

本基金会的宗旨：守护儿童健康、关爱儿童成长、助飞儿童梦想。坚持"一切为了孩子，为了孩子的一切"的原则，为儿童办实事、作表率，促进本市儿童事业的蓬勃发展。

本基金会设立的"汇聚爱心助学基金"、"花儿绽放助医基金"、"未来之星助成长基金"等三大类 40 个项目，成功资助困境儿童平等接受教育，顺利完成学业；资助贫困患病儿童进行慈善手术及康复治疗，支持攻克儿童重病和顽疾科研项目；支持儿童科技创新和艺术潜能的培养和发展。为困境中儿童发展铺就健康之路、成长之路、圆梦之路，为建设有温度的城市发挥积极作用。

上海市儿童基金会秉承儿童全领域的帮扶主旨，不仅与全国知名儿童专科医院保持着紧密的慈善联动，同时在复旦大学附属儿科医院、上海交通大学附属上海儿童医学中心、上海市儿童医院、上海交通大学附属新华医院、上海市胸科医院等成立了上海市儿童基金会代表处，与上海市女企业家协会、上海市三八红旗手联谊会、上海市女律师协会、上海市女医师协会等近 30 家社会组织建立了紧密的公益慈善合作联盟，与上海市慈善基金会、上海市教育基金会、上海市老年基金会、上海市科普教育基金会等 20 多家基金组织成为公益慈善合作伙伴，共同帮助儿童健康成长。

在上海市妇联、上海市民政局的支持和指导下，儿基会发挥专业优势、开展公益服务、加强队伍建设、树立品牌形象、规范运作机制，取得了良好成效。近年来，多次获得"中华慈善奖"、"全国维护妇女儿童权益先进集体"、"上海市三八红旗集体"、"上海市未成年人暑期工作优秀活动项目奖"等称号。

上海市华侨事业发展基金会

乡村浴室：助大山里的孩子洗个热水澡

"我们援建贫困山区的第 16、17 个浴室开工啦，坐落在云南省广南县者太乡末昔村米洛小学和杨柳井乡阿用小学。9 月新学年开始，当地的孩子们可以畅快地洗个热水澡了！"上月底，上海市华侨基金会福美专项基金在社交平台上发布了这样一条信息。

虽然福美"我助大山孩子洗个澡"项目才刚刚走入第三个年头，但已为四川、云南等地的 17 所村小建设浴室并配备太阳能热水器，让孩子们能痛痛快快、舒舒服服地洗个热水澡。

为孩子们的健康行动

"我们建的第一个浴室在四川石马的一所小学里，那里也是福美最早做一对一助学的地方。当时我们有许多老师到石马当地看望那些受助学生，有老师回来后说，当地有很多孩子因为学校条件有限，几个月都洗不了一次澡，有的孩子身上甚至还有虱子。我们心里就想，给孩子们建一个浴室相当有必要，既能改善孩子们的生活环境，也能帮他们养成良好的卫生习惯。"华侨基金会福美专项基金办公室主任陶利帆说。

2018 年 9 月，福美发起了"我助大山孩子洗个澡"项目，目前已

孩子们在新建的
浴室前合影

刚洗完澡的孩子
们正高兴地梳头

干净整洁的浴室

在四川省石马镇，云南省纸厂乡、迆车镇、者太乡等地的村小建设浴室并配备太阳能热水器，为孩子提供良好的寄宿环境，让他们在寒冷的冬天也能舒舒服服地洗个热水澡。

"这是云南一个村小新建的浴室。"陶利帆指着朋友圈的照片说道。照片里的浴室窗明几净，墙上贴着洁白的瓷砖，每个淋浴位被隔开，给予孩子们充分的隐私保护。她说，平时自己在朋友圈时不时能刷到学校老师们发布的照片，有的照片记录下了孩子们围在老师身旁，学习怎么使用淋浴设备的场景；有的拍摄下了孩子们端着脸盆在浴室外排队等待洗澡的画面；还有的拍下了一群洗完澡、正开心梳着头发的女孩……"看着孩子们洗完澡后一个个开心的笑脸，我们做的一切显得特别有意义。"

爱心浴室到底好不好，作为使用者的孩子们是最有发言权的。一个多月前，云南文山市广南县者太乡大田村小学里的浴室终于建好了。学校老师左定永说，以前学校里只有一个供老师使用的浴室，对学校里的近300名学生来说，淋浴位实在是"供不应求"，孩子们如果要用就需要排队，但可能好几天都轮不上。"以前学生在体育课上出了汗，可能得等到周末回家才能好好洗澡。浴室造好后，孩子们就可以每天洗澡了，虽然他们没说什么，但看得出都特别开心。"

为贫困山区的学校捐建浴室，除了想给当地的学生一个更好的生活环境，让他们能健康生活、快乐成长外，陶利帆还道出了立项时的另一层考虑："现在山区很多年轻人都选择外出打工，所以我们觉得那些愿意留在当地教书的老师都特别不容易。起初做这个项目也是想为当地的老师们做些什么。卫生条件改善了，相信也能留住更多的教育人才。"

倡导"循环公益"理念

如果将福美专项基金比作是一条从城市伸向贫困山村的藤蔓,那么如今这条藤蔓上已经结出了不少果实。最初由4位"爱心妈妈"捐赠发起的福美专项基金,今年迎来了第十个年头。十年来,福美先后创设了"助力青年学子"、"关爱大山里的孩子"、"大山里的基础建设"和"关爱妇女儿童、特殊人群"等公益项目,给云、贵、川等偏远贫瘠地区的妇女儿童等带去了温暖。

"别人都只有一个妈妈,可我很幸运,有两个妈妈。一个是生我养我育我的妈妈……另一个就是资助我的福美妈妈,是她从我们家中挑起了一副担子,让我的生活过得更美好,是她无私的帮助激励着我们一家努力前行……"之前,福美收到了大巴山里的女孩曹丹丹寄来的感谢信,大家传阅着感慨万千。像这样的感谢信,还有很多封。

左定永说:"我们经常和孩子们说,这个浴室是上海爱心人士捐赠给我们的,一方面大家要好好爱护浴室,另一方面大家更要有感恩之心,长大后,如果有能力的话也要去帮助别人。"

左老师的这番话其实和福美一直以来倡导的"循环公益"创新理念不谋而合。基金更希望能建构受助学子的能力,不断提倡让公益的受助者转变为行善者,让善意在不断推进的善行中得以延续和传承。

"我们一直有个宗旨,不能把公益的门槛拉得太高,其实公益就在我们身边,是大家都能参与的事情。公益不分大小,不论捐款多少都是一份爱心。"陶利帆说,也希望今后有更多的人参与到公益中来,把公益做得有滋有味。

作者:黄佳琪 刊发日期:2020/07/14

▌案例点评▐

读了福美陶利帆老师讲述的这则"我助大山孩子洗个澡"的故事，倍觉亲切，意味深长。在常人眼里看似简单的洗个澡，而在大山里却非同寻常。这是福美慈爱暖流的行动，正助推着脱贫攻坚进入到文明、健康、进步的新发展阶段。

"我助大山孩子洗个澡"，值得引起人们关注的是，"大山里的孩子几个月都洗不了一次澡，有的孩子身上甚至还有虱子"，这一问题被福美有心人在四川石马小学做一对一助学时发现了。于是萌发了为山村学校建浴室的想法，从2012年9月在这里建起第一个浴室，至今已在四川、云南贫困山区建设了17个浴室。

细微之处见精神，福美助力孩子们健康行动总在进行中，已成为常态化操作运行。陶利帆老师亲身经历的故事感人至深，给人以鼓舞。当你用心去爱山村的孩子们，对未来寄予希望根植于心，你就没有办法不从心底里喜欢上他们，前行的脚步就根本停不下来。

学会感恩，如果有能力的话也要去帮助别人。福美倡导的"循环公益"创新理念，已经得到了行之有效的验证码。为了孩子们洗好澡，那位八旬老人闻讯捐赠的1000元，是福美行动在全社会最具传播影响力的呈现。

福美坚持慈善公益十年来如一日，从国际都市走进贫困山区，从小家走到大家，从"爱心妈妈"到"福美妈妈"，用大爱走入了孩子们心坎里。福美人将其个人价值融汇于社会价值之中，一展身手，为贫困山区孩子带来社会福祉，显现慈善公益力量无限美的风采。

在慈善公益扶贫助困中，是锦上添花，搭花架子流于形式，还是

老师前往云南纸厂乡
探望受助学生

雪中送炭，做精准扶贫帮困的实事？福美人以无声行动做出了承诺：踏实做事。福美人锁定目标服务区域和服务人群，开展优质的精细化管理与服务。福美人更难能可贵的地方是在服务中发现问题，针对问题并付诸于解决，踏踏实实做实事，让服务对象实实在在得实惠。福美慈善公益服务的这种敬业务实及专业助人精神，值得人们好好学习和弘扬。

　　　　　　黄志华　上海申杰社会组织培训评估中心主任

　　　　　　　　　　上海市财政局市政府采购评审专家

　　　　　　　　　　上海市民政局社会组织评估专家

▌机构简介▌

　　福美专项基金，成立于 2010 年 11 月 12 日，是上海市华侨事业发展基金会下属的专项基金。上海市华侨事业发展基金会是在上海成立的公募基金会，是对海内外捐赠资金进行管理的民间非营利性法人。福美专项基金倡导"大爱与分享、付出即幸福"的公益理念，以福美人特有的智慧和力量，用心感受美好、用爱传递温暖。

在发起人、捐赠人与伙伴们的共同努力下，福美专项基金先后创设了"助力青年学子"、"关爱大山里的孩子"、"大山里的基础建设"、"关爱妇女儿童、特殊人群"等公益项目，足迹遍布云、贵、川等偏远贫困地区。

福美专项基金秉持高效、透明、专业、诚信的管理原则，共接受社会捐赠近 23000 人次，资助大山贫困学生 1500 多人次，援建乡村小学爱心浴室 17 所，组织完成 1000 多个乡村孩子的小小心愿，服务阳光之家智障学员 7000 多人次，组织志愿者服务 650 多人次等。

大爱在不断推进的善行中得以延续和传承，使"致力于优化中国青少年的健康成长和教育"这一公益愿景得以逐步实现。

上海华阳社区华恩爱心志愿服务社

绣红计划：扶贫路上
她点亮了 935 盏心灯

"每次在云南回来的路上都是身无分文但是并不觉得贫困，恰恰是感到富有，因为我埋下了爱的种子，点燃了935盏心灯。"上海华阳社区华恩爱心志愿服务社负责人靳英丽说。

在长宁区安化路上的沪滇帮扶绣娘展示厅，靳英丽公司开发的千余种具有云南特色的文创产品摆放在展示架上，大到售价从千元到万元不等的皮包，小到百元的钥匙盒、领带、文件包，非常时尚，设计感十足。在展示厅后面的开放办公室，几位海归设计师正在抓紧研发设计新品。打版房中，工作人员正在打新样品。

"上海建档立卡户"的无心插柳

10年前，服装设计专业毕业的靳英丽和先生一起从外地来上海创业，用三年时间创立了一家设计公司。她笑称他俩起初就是"上海的建档立卡户"。

2012年，她作为上海爱心人士中的一员，来到云南红河州元阳县牛角寨五帮小学，开展"午餐工程"，主要为贫困孩子送上爱心午餐，让他们不用再爬两个小时山路回家吃饭。当地学校为表示谢意，组织了几位母亲代表给代表团赠送绣花民族服装。恰恰就是这个衣服上的

"2020 为爱而生"
文创产品组合

绣花片，让她看到了这里面所蕴含的商机。

她发现，从艺术角度看，这些采用彝绣图案的衣服都是艺术精品，但一出大山，就不适合日常穿着。于是她尝试保留民族元素，把衣服裁剪做成一个个绣花包，在公司的销售平台上展示，没想到很快就吸引到了订单。

2014 年，她又试着做了几个小单，有得亦有失。一方面，彝绣有一定市场；另一方面，光靠单品难以做大，必须要形成系列，才能对接市场。同时，云南大山里有一群勤劳善良、能织擅绣的女性，她们有一个共同的愿望：就地就业，摆脱贫困。

带领云南绣娘绣出脱贫致富之路

在大家的鼓励下，2015 年在云南元阳县攀枝花乡猛弄村，靳英丽组织 98 人成立了第一个民族刺绣农民专业合作社。当时，大家都心存疑虑，如何把当地世世代代的刺绣变成大都市橱窗中受欢迎的商

沪滇帮扶绣娘
展示厅一角

品？她带领大家苦思冥想，不断在探索中寻找出路。通过依托上海市
场，运用上海设计＋当地元素，提高劳动价值，努力实现产业化，丰
富产品线，延伸产业链，渐渐打开了市场。成立合作社一年后，第一
批绣娘在疑惑中得到了人均2000元的收入。收入增加是最好的集结号，
大家纷纷响应加入。

绣花针绣出了就业，绣出了产业，还绣出了一张文化名片。以绣
娘合作社为基地，打造"猛弄土司绣品坊"销售彝绣产品，成功保
护和传承了彝绣这一非物质文化遗产，今天的彝绣已经成了元阳县脱
贫攻坚、走向小康的文化名片。

2018年，绣娘公益又迈出了新的步伐。靳英丽携手长宁区妇联成
立了绣娘大联盟，在元阳绣花基地基础上，新建红河县、金平县、绿
春县三个绣娘合作社。还组织"沪滇绣娘帮扶展示厅"，参加了"2018
一带一路名品展"，为绣品走出国门打开了一扇国际交流之门，作品
也受到国内外消费者喜爱。

截至去年底，华恩发挥社会组织的力量联合上海各界爱心人士，直接培训了 935 名云南绣娘，她们都来自建档立卡的贫困户。

靳英丽说，她不相信贫穷，通过八年时间，研究了脱贫方法，也沉淀了一个长效机制发展的产业。自己就是一个引路人，告诉云南贫困地区的人们绣花可以脱贫，织布可以脱贫，就算剪线头、扫地也可以脱贫，只要肯动脑肯动手就不会穷。

公益包＋面罩，化危为机直播带货

这些年，靳英丽把大部分心血都投入到了扶贫这条路上。935 个绣娘，还有 200 多个没有脱贫。去年，靳英丽用 35 万元买了一批面料，本来今年做出各种绣花包后就可以让她们全部脱贫，但没想到今年初的疫情打乱了她的计划。

为了渡过难关，她的公司设计推出了 99 元一个的公益包和 168 元一个的真丝面罩。可重复使用的面罩上绣有翘首牡丹、鸢尾花、玉兰花等精美图案，面罩里可以放可更换的防护垫。"疫情给我们的商机是别人解决了防护的问题，我们解决了美的问题，也把少数民族的非遗不断创新发展了。面罩救活了我们，通过开直播间，线上线下同时销售，一直支撑着公司从 2 月份到现在。"

在展示架上，有一套名为"2020 为爱而生"的文创产品组合引人注目。组合包括一条绣有玉兰花的白色真丝手帕、一个镂空书签、一个小方形手包和一个饰品盒，后三样上面都绣有百灵鸟飞上玉兰花枝的精美图案，寓意云南对上海的感恩。这套新推出的组合将参加今年 10 月份举行的上海伴手礼的评选。

作者：屠瑜　刊发日期：2020/07/08

▌案例点评 ▌

　　穆驰华恩成为中国轻奢设计界品牌价值榜样之花，是她的创始人靳英丽十多年的理想之果。上海交大高级品牌管理研修班上，靳英丽一个有理想、有价值追求的北方姑娘用"品牌管理技术系统"创建了一个有价值观的中国设计品牌并担任法人总经理。公司建立同时确立了品牌的核心价值观，用品牌管理技术推进中国传统文化

靳英丽（中）
和绣娘合影

产品进入市场。开始接触云南绣娘是她的公益之心，那时去一次单行的时间就要二天，根本没有路，靳英丽坚持为山区的孩子送去文化和学习用具。为了减少留守儿童数量，靳英丽没有满足孩子妈妈们想去上海打工的请求，开始辅导她们以文化之根启技艺之智。以购买绣片的方式扩大公益救助范围，至此和绣娘们结下文化之缘。靳英丽广结善缘发挥社会组织作用，每年都带着绣娘们来上海游学，想各种办法提高绣娘们的非遗传承技艺。靳英丽的行为获得了上海市、区两级政府的支持，帮助她解决了公益之路上的各种困难。十年之花结出丰硕之果，靳英丽用爱心帮助了1006位云南绣娘技艺提升，她带领的穆驰华恩品牌也成为中国轻奢设计界的著名品牌，入围上海市伴手礼。她获得了各种奖励，但靳英丽没有就此停住脚步，她以"引进来，走出去"的方式继续扩大文化脱贫的受益范围，用文化传递中国价值，用爱心辅导绣娘传承中国非遗技艺，用品牌管理技术提高穆驰华恩品牌价值。在今年，她告诉我"老师，穆驰十年，需要您继续帮助我，让穆驰华恩成为世界设计品牌、中国的文化符号。"穆驰华恩创建的模式也成为中国扶贫的价值典范，用文化脱贫正是中国现实最具意义的伟大工程。

刘瑛 中国管理科协研究院品牌推广委员会
中国社会经济调查决策咨询中心副主任
国家文化市场调查评估中心评估委员会主任
中国文化管理协会副主席、品牌管理学者
人社部文化创意师职业培训特聘品牌管理专家

▌机构简介▌

　　上海华恩爱心志愿服务社，隶属长宁区民政局的社会组织，现坐落在长宁区华阳街道安化路 492 号 B 座 201 室。

　　2012 年，由靳英丽带领一群海归设计师创建，多年来，在上海市、区政府各级领导亲切关怀和大力支持下，立足创新创业、扶贫帮困、爱心传递等志愿服务项目，发挥服装设计时尚创意特长，在云南组织成立第一个民族刺绣农民专业合作社"猛弄土司绣品坊"。在元阳县、红河县、金平县、绿春县四个绣娘合作社基础上，又结合上海设计优势开展了"绣娘大比拼"、"困境学生圆梦计划"、"青春治疗"、"绣红计划"等扶贫项目，把民族文化和刺绣元素融于日常生活，让文创走进家庭，开拓创业领域。

　　华恩爱心志愿服务社的发展，使传统工艺与现代创意相遇，使传承千年的民族文化迸发出新的活力，近年来，把服务群众、促进民族团结作为工作重点，根据云南当地实际状况依托乡镇、融入村寨，大力发展具有地区特点的刺绣产业链，进一步明确了"践行服务承诺、传承民族文化、打造中国品牌"的工作目标，创造了一村一品的新农村示范点。

　　现坐落在长宁的沪滇帮扶绣娘展示厅，以民族传承与现代创意为核心，以扶贫帮困和志愿服务为宗旨，进一步提升对文化 IP 与品牌衍生品的设计和推广，让更多人了解云南绣品的民族文化。云南元素上海设计打造了"穆驰华云华恩"的刺绣品牌，参与"一带一路"文化推广和非遗传承手作技艺重大活动，还建立了线上线下销售渠道。穆驰华恩让传统与现代融合的文创品牌"滇绣"走向市场走向世界，华恩带领一群女性用最柔弱的力量凝聚在脱贫攻坚的战场上，绣出了她们的中国梦。

上海哔哩哔哩科技有限公司

美丽梦想：建设两所小学，
打开孩子视野

"大家都认定星星和月亮没有声音，但我认定他们都有美妙的声音。月亮有轻轻的笑声，星星有非常小的眨眼声……"这段充满诗意的作文来自云南大理巍山县南诏镇"哔哩哔哩美丽小学"一名学生的创作。看到其中充满温情的想象力，通过哔哩哔哩（B站）报名来到这里的支教老师和哔哩哔哩的员工们都感到感动又惊喜。一年多的时间，说长不长，说短不短，但已足以为孩子们带来改变，并影响他们

哔哩哔哩美丽小学

的家庭，未来给他们的家乡带来更多改变。最近，哔哩哔哩与上海真爱梦想公益基金会合作在革命老区贵州遵义支持建设的哔哩哔哩梦想小学也刚刚落成。"美丽"的"梦想"值得为之努力，值得为之付出，在大家的共同浇灌下，美丽梦想将在云贵大地开花结果。

2019 年 6 月 26 日，B 站开始在云南大理支持建设一所"哔哩哔哩美丽小学"。这是一所由公益机构"美丽中国"来负责运营及管理的全日制公立小学，这样性质的小学在全国只有 4 所。2020 年，B 站和上海真爱梦想公益基金会合作，在贵州遵义市务川仡佬族苗族自治县再支持建设一所"哔哩哔哩梦想小学"，学校已于 2020 年 9 月正式建成开学，首批招收学生 900 多人，主要是享受易地扶贫搬迁政策群体、辖区内农民及进城务工群体的子女。

作为一家深受年轻一代喜爱的视频网站，B 站为何要在上海对口帮扶地区支持建设小学？这与 B 站"成为中国年轻人的文化生活方式，和这一代人共同成长"的使命和愿景有关，也和 B 站副董事长兼 COO 李旎在 6 月 26 日 11 周年演讲会上分享的一个故事有关：

2019 年，850 名 B 站用户通过这个平台报名乡村教师岗位。"哔哩哔哩美丽小学"的学生曾问过支教老师一个问题：送外卖能赚一万多元月薪，如果我读书以后不一定能挣到这么多工资，那我为什么还要读书呢？李旎感慨地说，如果乡村的孩子不知道为何要读书，年轻教师因此也不知道为什么要站上讲台，那么乡村教育将会凋敝，留守儿童将面临着家庭教育和教育资源双双流失的境地，"这就是 B 站关注教育的原因。"

在"哔哩哔哩美丽小学"，B 站为学校捐赠了用于师资建设及校园硬件设施维护升级的资金，提供艺术、科学创新课程资源及学生综

哔哩哔哩梦想小学

合素养培育等方面的支持。在"哔哩哔哩梦想小学"，B站则从硬件改善、课程和教师培训等多维度，通过互联网教室"梦想中心"、研学旅行、专项教育骨干培训、支教等项目提供支持，提升学校办学条件和质量。

两所小学的建设，给当地带来了许多改变。就从体育运动来说，"哔哩哔哩美丽小学"校长康玉成说，虽然生活在农村，但孩子们的业余时间并不是漫山遍野地奔跑和打闹，或者帮家里做农活，其实，他们和城里孩子一样，往往都是抱着手机玩。缺乏运动再加上饮食和卫生习惯的影响，学生普遍体弱多病，每周常有10多个因发烧感冒咳嗽而请假。为增强学生体质，学校在改善宿舍、调整饮食的同时，每天增设40分钟运动时间和体育兴趣小组，一年下来，孩子们请病假的人数不断下降，学校还在南诏镇第一届运动会上取得了全镇 11 所学校里男女足第三、啦啦操第二的好成绩。

相较硬件建设，理念的改变往往会产生更加深远的影响。B 站利用拥有大量优质 UP 主资源，与真爱梦想基金会合作推出"哔哩哔哩版梦想课程"，以视频方式助力边远地区的青少年素质教育。例如第一期课程《艺术生活》，关注的就是课本之外的美育，教孩子们手工折纸及制作画框，践行着"生活即学习，学习即生活"的教育理念。又比如，支教的语文老师会安排学生和家人一起模仿世界名画中的主人公来拍照，借此提高学生的观察力、感受力以及语言的综合表达能力，还会辅导孩子画一本绘本《小陈的寒假故事》，来记录自己和家人在疫情期间被隔离的生活场景。老师们还会像大城市里的学校一样，为孩子带来话剧表演、桌游等，让孩子们在玩中学，获得潜移默化的改变。B 站希望，能够借助网络视频和支教老师现场授课的双重方式，更加打开乡村孩子的视野，让每个孩子无论身处何地，都能享有公平而有质量的教育。

作者：孙云 刊发日期：2020/10/26

▌案例点评▐

乡村学校发展是伟大的脱贫攻坚战略的一个有机的组成部分，是阻断贫困代际延续最关键的一环。云南大理巍山县哔哩哔哩美丽小学希望成为一所新时代乡村教育的示范校，在改变落后的乡村教育中起到引领的作用。

哔哩哔哩美丽小学是由当地政府领导、社会企业支持、公益机构

在哔哩哔哩小学
就读的孩子们

承办的新型乡村办学模式。这种办学模式，体现了政府对义务教育的主导作用，体现了爱心企业（B站）的社会责任感，体现了广大优秀青年学子立志改变乡村教育的志愿者精神，在各自发挥优势的基础上形成了巨大的合力，探索出一条农村教育体制改革的新路。

乡村小规模学校是国家基础教育最边缘、最底层的学校，关乎到无数社会最牵挂的儿童与青少年的成长。通过学校的内涵发展彻底改变乡村教育落后的局面，是美丽小学创建的初衷和使命。在相对落后的乡村教育条件下，哔哩哔哩美丽小学积极奉行生命至上、健康第一的理念，倡导"生活即学习，学习即生活"教育原则，大力推进乡村小规模学校师生关系与学校系统化管理的变革，大胆探索面向未来的课程与教学方式改革，努力实现学生的全面发展与可持续的发展，并在此基础上，谋划在巍山县南诏镇建立"乡镇教育发展学习共同体"，以促进乡镇片区学校的共同发展，带动片区家庭和乡村的共同进步。

康健 北京大学教育学院教授

北京大学附属中学原校长

云南兴隆美丽小学首任校长

▎机构简介▎

bilibili 简称 B 站，是中国年轻人聚集的文化社区。成为中国年轻人的文化生活方式，和这一代人共同成长，是 B 站的使命和愿景。

教育扶贫路上，B 站在积极行动。2019 年 6 月 26 日，在 B 站成立十周年之际，我们与美丽中国支教项目正式合作，"哔哩哔哩美丽小学"在云南大理挂牌成立。2020 年 6 月 26 日，我们与上海真爱梦想公益基金会合作，在革命老区贵州遵义建设一所"哔哩哔哩梦想小学"。精准而深度地支持乡村小学的兴办，不仅能让我们尽自己的一份力量，真真切切帮助到乡村的孩子，也能够帮助 B 站更加整体、全面地去理解中国社会。

数据显示，B 站月均活跃 UP 主有 190 万，月投稿量超过 600 万，2019 年 B 站泛知识学习类内容的观看用户数突破了 5000 万。B 站希望借助互联网，通过视频、直播这些媒介，可以更快速地、无差别地，将知识传送到世界上的任何一个角落，让更多人的学习变得有趣。我们会和教育专家合作，结合乡村学校的实际需求，充分发挥优质 UP

主资源，创作出更多有意思有意义的视频，帮助一线的老师们更好地开展主科知识教学之外的授课，让乡村孩子们的学习更加丰富多彩，拓宽眼界视野，提高学习兴趣，努力让每个孩子无论出身，都能享有公平而有质量的教育。

近年来，国家推动落实"义务教育有保障"，乡村义务教育薄弱学校办学、就学条件明显改善。但当前乡村教师队伍仍面临职业吸引力不强、补充渠道不畅、优质资源配置不足、结构不尽合理、整体素质不高等突出问题，这些制约了乡村教育持续健康发展。B站专门在首页建立"小康"专区，全面展示脱贫攻坚一线实景，让用户增加对乡村现状的了解。呼吁年轻一代更好地关注乡村教育，鼓励优秀青年到教育资源匮乏的地区支教，并支持年轻支教老师的成长。引导青少年树立远大理想，同时脚踏实地，用青春书写无愧于时代的华彩篇章。

深度支持乡村学校建设，推出优质公益课程，引导青年关注教育脱贫攻坚，B站将长期关注并参与中国的教育事业，愿能陪伴孩子们一起成长。

上海联劝公益基金会

一个鸡蛋：公益徒步
让 20 万余人次乡村师生受益

　　"如果我成功挑战 50 公里徒步，你是否愿意为贫困山区的孩子们捐钱，让他们每天吃上一个鸡蛋？"十年前，这场上海联劝公益基金会（以下简称"联劝基金会"）内部团建时的"打赌"，获得了意外热烈的回应。联劝基金会通过微博等方式募集到近 9 万个鸡蛋，用于支持"一个鸡蛋"项目，国内首个公益徒步活动"一个鸡蛋的暴走"由此而来。

　　为了解决贫困地区儿童营养不足的问题，联劝基金会联合多家民间公益机构于 2010 年发起"一个鸡蛋"资助项目。截至 2019 年 12 月，"一个鸡蛋"项目共募集到 2686 万余元，累计共有 248 所学校受到资助，20 万余人次师生每个上学日能够吃上一个鸡蛋，共计吃掉了 2027 万余个鸡蛋。

　　随着筹款规模扩大，从 2012 年开始，"一个鸡蛋的暴走"发展为平台型筹款活动，为儿童营养健康、教育发展、安全保护和社会融合四个领域募集善款。而"一个鸡蛋"项目由于通俗易懂，很易受到公众接纳，也有了更多的筹款来源，不再局限于暴走活动。

9 毛钱，让乡村孩子每天吃上一个鸡蛋

中国发展研究基金会 2010 年针对 1458 名贫困地区孩子的调查显示，每 100 个孩子中，12 个身高低于同龄城市孩子 6 至 15 厘米，9 个体重低于同龄城市孩子 7 至 5 公斤。生长迟缓、低体重是中国贫困地区 0-6 岁儿童普遍存在的营养问题，营养摄入严重不足是这些孩子发育迟缓的主要原因。

据"一个鸡蛋"项目负责人龚丽哲介绍，项目资助的对象主要是中西部贫困地区乡村幼儿园及部分小学的儿童，他们大多并未受到国家营养餐的补助，属于国家营养干预的空白区。他们普遍存在营养不均衡的问题，尤其缺乏蛋白质。"一个鸡蛋"项目最初的目的就是通过上学日每天一个鸡蛋的方式缩小乡村和城市儿童的营养差距。

"0.9 元，让乡村儿童每一天吃上一个鸡蛋补充营养健康"的号召发出后，受到了来自社会各界爱心人士的关注。截至 2019 年 12 月，"一个鸡蛋"项目经过 9 年的发展，每学期覆盖学校由最初的 6 所学

让贫困山区的孩子们每天吃上一个鸡蛋

校的 806 名师生，增加到 151 所学校的 17521 名师生。

2019 年 11 月，联劝公益事业合作部总监宋西桐前往云南省丽江市宁蒗县实地探访。崎岖的山路间，格瓦小学坐落在半山腰处，不到 100 个孩子在这里上学。由于交通不便，孩子们通常步行几个小时才能来到学校，时隔半个月或一个月才回家一次。运输困难及艰难的条件使孩子们营养摄入匮乏，"不管是按天算，还是按顿来算，他们的营养摄入都是不够的。每天一个鸡蛋对于孩子们来说是多么重要和有效的营养补充。"

一个鸡蛋，不仅仅是加餐

"对于贫困地区的孩子们而言，我们并不想让他们认为自己是被公益组织资助的对象，每天一个鸡蛋只是正常的加餐。我们也鼓励学校开展一些活动，增加吃鸡蛋的趣味性，比如用鸡蛋壳作鸡蛋贴画。让人想不到的是，鸡蛋可以带给孩子们更多。"龚丽哲介绍了一个案例。

云南省大理州白族自治州鹤庆县原是国家级贫困县，也是上海市长期对口帮扶地区，黄坪镇就隶属于此地。黄坪镇天气炎热，当地居民多是以务农为生的农户，但是土地少且贫瘠，每年雨季造成的水土流失与滑坡常常导致农户们没有收成，收入不足以支撑生活。由于大多青壮年劳力外出务工，留守老人、妇女、儿童只能在家中靠在外务工的家人补贴，没有成人外出的家庭或者没有低保的贫困户只能卖一些松子、核桃、白芸豆换取微薄收入。

李小智是黄坪镇一所幼儿园的大班学生，家里有 7 口人，父母长期在外打工为家庭提供生活补贴，还要省吃俭用为爷爷治病。因为居住的小村庄距离幼儿园有 3 公里，小智每天需要独自步行 30 分钟上学。

缺少父母的陪伴与关爱让他变得沉默寡言。

联劝通过当地公益机构了解到黄坪镇的情况后，自 2018 年 9 月开始对该幼儿园开展"一个鸡蛋"项目。截至 2020 年 1 月，累计发出鸡蛋 15000 余个，超过 70 名师生受惠。每个上学日可以吃到一个鸡蛋的小智非常感谢送鸡蛋的好心人，因为这样他就可以把家里的好吃的留给生病的爷爷，让他的病快点好起来。

随着鸡蛋的到来，小智也逐渐开朗起来。从前躲在角落里的他，如今主动帮助老师发放鸡蛋，并和同学们一起分享鸡蛋。因为他的转变，和很多同学成为了好朋友。老师经常表扬他，把小智当作同学们学习的榜样。小智说："这是我觉得最开心的时候，我喜欢吃鸡蛋，更喜欢和同学们一起分享吃鸡蛋的时光。"

除了吃鸡蛋，幼儿园也开始不定时地开设绘画课堂，"给鸡蛋穿衣服"、"保护蛋壳"等各种主题创作，给予孩子们很大的发挥空间。小智把鸡蛋画成了记忆中父母的模样，以此寄托自己的思念。"长大以后，我也要和捐鸡蛋的好心人一样，和朋友们养好多好多的鸡妈妈，再生好多好多的蛋宝宝，给那些需要鸡蛋和营养的人们提供帮助！"

一个支点，"一个鸡蛋"撬动更多公益项目

"通过一个鸡蛋项目，我们期望能够提高各地一线公益组织执行项目的能力，以及对公益议题的关注和深挖的能力。"据联劝基金会品牌传播总监曹海燕介绍，"一个鸡蛋"项目实施与调研走访过程中，联劝基金会也深入了解到贫困地区孩子们存在的其他问题，比如山区学校卫生资源的匮乏使孩子们的双手无法及时洗净，由此衍生出了相应的公益项目——清洁小手，通过为学校建立洗手池及卫生制度，提

供肥皂等清洁资源，并为孩子与家长开展健康教育课程和游戏，让孩子们养成洗手的好习惯。

龚丽哲表示，面对乡村与城市儿童营养差距的现状，"一个鸡蛋"项目会持续做下去并不断优化升级。2021年，除了物资干预，联劝还将通过一些教育课程，尝试提升贫困地区家庭、学校的营养意识。

联劝基金会也希望，通过实施该项目这一联动的过程，使当地的公益组织、学校乃至全社会关注到公益背后的问题。"我们希望一个鸡蛋项目能够成为一个撬动点，使社会关注乡村与城市间资源不平等的问题，从而引导资源进入这些需要支持的地方。我们相信公益需要公众的参与，每个人都能通过善意的行动，帮助农村儿童，推动社会更加美好。"

作者：陈佳琳　宋宁华　刊发日期：2020/11/8

▌案例点评▌

贫困从某种意义上来说，是一个多维度的概念，其表现和成因都不局限于经济上的短缺，比如儿童营养不良就是贫困的一种表现，同时也是孩子成年后经济贫困的原因之一。从这个角度讲，干预儿童营养不良就是减贫的一种模式。

儿童营养不良的成因是复杂多样的，最直接的两个原因是营养摄入的不足和疾病。联劝"一个鸡蛋"项目，针对的就是"营养摄入不足"的问题，使用咱们生活中常见的"鸡蛋"，来补充孩子们的营养。鸡蛋不仅营养丰富，而且符合大多数人的日常饮食习惯；鸡蛋相对于其他很多食物，性价比高，也易于运输和保存。因此，仅在设计层面上，干预的有效性和可行性都是有一定优势的。评估也佐证了联劝在项目执行上的严谨和最终的成效。此外，联劝对待在评估走访中发现的其他问题，态度认真，反应迅速。例如很多孩子在吃鸡蛋时没有做手部清洁，这可能会导致"儿童营养不良"的另一个原因——"疾病"——的发生。针对这一问题，联劝团队很快地设计出了相应的干预，在扎实的测试后，正式开始运行和推广"清洁小手"项目。它和"一个鸡蛋"项目互为支撑，不光让孩子"吃得好"，而且"消化吸收得了"。最后，评估也观察到了联劝和各地公益合作伙伴之间的良好互动，调动了相应的社会资源和相关伙伴，大家一起来关注和解决"儿童营养不良"——这一重要的贫困问题。

上海纽约大学 金敏超教授

▌机构简介▌

2008 年，汶川地震开启了中国公益元年，民间公益组织开始迅速出现。在数量增长的同时，民间公益组织普遍面临因缺乏能力与公信力等原因而引起的资金不足问题。

另一方面，随着中国经济的高速增长、公众的公益意识及企业社会责任意识的觉醒，中国慈善劝募市场的潜力开始凸显；但资源配置渠道的缺乏，阻碍了慈善资源快速流入公益行业成为行业发展的主要助力。

在这一背景下，成立一个资助型的公募基金会，打通民间公益组织与慈善资源之间的壁垒，显得必要而迫切。2009 年，以此为发展使命的上海公益事业发展基金会成立；2014 年正式更名为上海联劝公益基金会（简称"联劝公益"）。

经过 10 年发展，我们发现，联劝公益的价值，就是将公众潜能充分挖掘和释放出来，陪伴和支持公众发现公益参与的快乐，促使公益参与者成为整个社会正向改变的驱动力，并从中收获自我成长的幸福。

基于"让更多人，更快乐、更自主地参与公益，成为美好社会 +1 的力量"这一愿景，联劝公益在国内推动实践创新的募款机制——联合劝募，即以社会问题为导向，集结众多公益组织（公益项目），自下而上开展劝募活动，并通过高度问责的方式将募集到的慈善资源统筹分配给公益组织。

联劝公益通过专业高效的工作方式、公开透明的信息披露、平等多元的合作态度获得了业内同行、社会公众及相关政府部门的认可，先后获得"5A 级社会组织"、"上海品牌社会组织"、"上海市先进社会组织"、"中华慈善奖"等多项荣誉。

2018 年至今，上海联劝公益基金会共联合多地公益机构，先后发起并执行扶贫项目共 41 个，累计支出善款 13,977,219 元。其中，"一个鸡蛋"项目因其发起最早、运行最成熟而被社会各界广泛认可。2011 年联劝公益发起了"一个鸡蛋"公益项目，旨在针对这些生活在贫困地区的儿童进行有效的营养干预，帮助这些孩子通过"生长追赶"弥补早期营养缺失造成的缺陷。九年来，"一个鸡蛋"项目先后覆盖了青海、云南、四川、广西、贵州等 7 个省份贫困地区的 228 所学校，累计超 18 万人次师生每个上学日能够吃上"一个鸡蛋"。

上海市物业管理行业协会

圆梦行动：助力"微心愿"，
实现"大梦想"

　　有这样一群孩子，他们的心愿可能只是想要一张平整的课桌、一个新书包、一套写字的纸本……"凝心聚力，坚决打赢脱贫攻坚战"，上海市物业协会正在筹划新一次的捐资助学行动。事实上去年底，在共青团中央开展希望工程 30 周年之际，上海市物业协会积极响应由上海市人民政府合作交流办、上海市慈善基金会、共青团上海市委主办的"青春聚力量　圆梦在行动"助力脱贫攻坚系列活动，那一次活动中，本市物业行业共有 41 家企业积极响应，共领取 1000 个扶贫"微心愿"，累计捐赠金额 35 万元。新的计划，他们正在路上……

"微心愿"，点燃了希望

　　去年 11 月 20 日，市物业协会跟随主办方，前往云南省边陲江城县参加助力脱贫现场活动。德律风置业、盛高物业、万杰保洁、赛夫保安、科瑞物业、沙田物业、龙邸物业、宏阳物业等本市物业企业代表随行前往。当时，市物业协会与共青团江城县委签约，代表本市物业行业向共青团江城县委 30 名困难学生现场捐赠了 5 年助学基金共30 万元，点燃了大山深处孩子们成长成才的希望。同时还一次性捐赠

2019 年上海市"青春聚力量·圆梦在行动"上海青年志愿者助力脱贫攻坚（云南江城站）公益活动

12 套太阳能热水器价值 3 万元，以解决新寨小学、联合小学的孩子们的生活用水困难。在今年助力脱贫攻坚的系列活动中，本市物业行业共计捐赠 68 万元，充分彰显了上海物业行业参与精准扶贫的决心。

除了这个活动之外，去年 8 月下午，上海德律风置业有限公司副总经理、工会主席夏昱和党群工作部主任张英来到市慈善基金会爱心窗口，代表公司捐款 10500 元，用于"青春聚力量，圆梦在行动"慈善项目。据夏先生介绍说，为积极响应市物业管理协会的号召，进一步履行社会责任，公司参加了"青春聚力量 圆梦在行动"助力脱贫攻坚公益行动。经公司积极动员，得到了各级党员、团员和员工的积极参与，募得的爱心善款将用于支援云南贫困地区，为助力打赢脱贫攻坚战做出应有的贡献。

事实上，自 2018 年 8 月 9 日，"青春聚力量 圆梦在行动"扶贫公益活动在上海启动。活动通过发动社会各界力量募集善款，帮助云南、贵州遵义、新疆喀什、西藏日喀则、青海果洛等上海对口支援地区的青少年"圆梦微心愿"。活动分为线下征集、整理分类、线上发布、社会捐赠、志愿圆梦五大环节。通过实现一个个微心愿，让上海爱心如同涓涓细流源源不断地涌向每个孩子的心里。一个书包、一套复习资料、一个足球、一套运动服，这些心愿虽然很小，却是孩子们最期盼的，就像春天的阳光扫去孩子们心中的阴霾，就像春天的细雨，滋润了孩子们的心田。长长帮扶路，绵绵手足情，爱心无止尽，公益见真情。在上海社会各界的大力支持和深切关怀、帮助下，青少年定会茁壮成长！

互联网，爱心更便捷

"青春聚力量 圆梦在行动"旨在通过发动社会各界力量募集善款，帮助云南、贵州遵义、新疆喀什、西藏日喀则、青海果洛等上海对口支援地区青少年"圆梦微心愿"，并将援助对象瞄准当地建档立卡贫困户青少年，让活动受益目标更加"精准"。

捐赠人可登陆手机微信进入"圆梦行动"小程序进行捐赠，募集的善款将直接进入上海市慈善基金会专项账户。所有"圆梦"物资将由主办方统一采购。一支由上海市合作交流系统志愿者成立的"助力脱贫攻坚志愿者服务队"将奔赴各对口支援地区，将爱心物资送到孩子们手中，帮助他们圆梦。据介绍，这支青年志愿者服务团队一直活跃在爱心扶贫的前线。此前，他们开展了援建日喀则爱心医学图书馆、助学云南农民工子女教育、为本市多个对口支援地区爱心捐款等活动，历年来向上海对口支援地区捐款累计 60 余万元。

在"圆梦行动"2.0公益小程序中，志愿者捐赠成功后，小程序页面将会自动生成由上海市慈善基金会颁发的电子证书，证书可在个人中心进行查看，捐赠人或捐赠单位也可在小程序中申请开具公益事业捐赠发票；当捐赠人集齐5个对口支援地区的捐赠电子证书后，将获得上海市慈善基金会向其颁发的特制证书。此外，小程序可以实现同时开展进行多个微心愿项目的功能，帮助更多的公益项目在手机移动端进行开展。

互联网慈善让更多年轻人感受慈善的力量，现代新型慈善理念也给"慈善新生代"创造了更大的舞台。据了解，"90后"的石渡丹尔，从复旦大学新闻学院毕业后，他曾计划和朋友一起创业，但最终还是被家庭慈善事业吸引，把镜头对准了一群自闭症孩子们。石渡丹尔用镜头记录下"星星的孩子们"的情感、情绪和点滴进步，制作了一部

江城县国庆乡新寨小学开展的"爱心圆梦"仪式

近 10 分钟长的公益微电影。在去年的"蓝天下的至爱"慈善活动开幕式暨"上海公益微电影节"颁奖典礼上,他的作品获得了一等奖。

闫小磊,上海理工大学出版印刷与艺术设计学院资助专员,一手在校园里建起 7 支志愿者服务队:"水丰路小学晚托班辅导"专门针对父母工作忙碌的家庭的孩子;"毕业季旧书捐赠"项目,由志愿者把募集到的旧书分门别类赠送给贫困大学生……

无论是线上还是线下,帮助贫困孩子的爱心都是一样的!

作者:吴翔　刊发日期:2020/10/30

▌案例点评▐

在党建引领社会治理的大背景下,上海市物业协会作为物业管理行业的社会组织,不仅发挥提供行业服务和引领行业发展的功能,而且发挥了扶贫助弱的社会治理功能。市物业协会的社会治理功效已经溢出行业范畴,向更广阔的社会治理领域迈进,为 2020 年打赢脱贫攻坚战,全面实现小康社会,贡献了物业行业的力量。

第一,从社区到社会。众所周知,物业行业作为社区治理的"三驾马车"之一,其服务和功能基本限于社区的范畴,本市物业行业协会积极参与的捐资助学助力脱贫攻坚为主题的贫困治理,极大拓展了物业行业的服务领域,实现了从社区到社会的跃升。第二,从桥梁到枢纽。物业行业协会最基本的定位是作为沟通政府和企业的桥梁,然而,在捐款助学助力脱贫攻坚的事项中,其发挥了社会组织的链接多元主体,搭建治理平台,参与贫困治理的功能,实现了从桥梁到枢纽的重要转型。第三,从线下到线上。在"互联网+"时代,物业行业协会积极拥抱新事物，开辟新途径，以线上方式吸引年轻人参与贫困治理，实现了贫困治理主体和资源与贫困治理对象和需求的精准对接，探索了贫困治理的"精准化"路径。

复旦大学马克思主义学院副教授，政治学博士 宋道雷

▌机构简介▐

上海市物业管理协会成立于 1994 年 12 月，2006 年 4 月 26 日经会员代表大会通过，更名为上海市物业管理行业协会，英文名称为 The Trade Association of Shanghai Property Management，缩写为 TASPM。协会由上海市物业管理企业、注册物业管理师以及相关企事业单位自愿组成，是实行行业服务和自律管理的非营利性社会团体。协会接受上海市房屋土地资源管理局、上海市社会服务局和上海市社会团体管理局的管理。

协会的宗旨是：遵循国家有关法律、法规、规章和政策，引导、培育和发展上海市物业管理市场，为会员提供服务，维护会员合法权益，倡导行业自律和公平竞争，促进本市物业管理行业的繁荣和健康发展。

协会的最高权利机构为会员代表大会，执行机构为理事会。秘书处为理事会的日常办事机构，下设综合管理办公室、培训部、咨询服务部、信息部四个部门。同时协会根据本市区县设置，下设 19 个工作委员会，目前共有会员单位 1300 余家。

协会旨在发挥政府和企业的桥梁、纽带作用，宣传和贯彻国家和本市关于本行业的法律、法规和政策，协助政府主管部门进行行业

向学生捐赠物资

调查和立法调研，参与行业政策和立法的论证和听证；制定并监督执行本行业的自律措施，倡导公平竞争，维护会员权益；为政府、行业、会员之间沟通信息，对会员关心的热点、难点问题开展调研，反映会员的呼声和建议；协同有关部门调解会员与会员、非会员或者消费者之间的重大争议；组织行业培训，提高从业人员素质；收集和整理国内外本行业技术、市场信息、行业动态和经营管理经验，定期出版行业刊物；开展与行业相关的各类咨询服务，举办会展招商等市场推广活动，帮助会员拓展市场；开展与国内外同行业社会团体、经济团体之间的交流和合作；根据政府有关部门要求，进行企业资质和从业人员资格管理，进行企业、管理项目和从业人员评比，对物业收费价格进行评估和协调，进行行业调查统计，推进行业技术标准的制定。

华东师范大学教育发展基金会

小小心愿：微公益圆乡村孩子的小心愿

盛夏，华东师范大学，"爱飞翔"小心愿的发放地，王老师提着两大箱崭新的玩具车，脸上绽放出孩子般的笑容，说道："来到上海这样的大城市不容易，这些玩具都是男孩子爱玩的，带回去给他们开阔眼界，鼓励他们努力学习，走出大山。"

"我圆乡村孩子小心愿"是"爱飞翔"微公益项目之一，这个项目十年如一日地实现乡村孩子的小小心愿，这些小小心愿来自上海热心市民、各界企业的自愿捐助，凝聚着他们对乡村孩子的美好祝愿。

今年是"爱飞翔"项目开展的第 11 个年头。项目不但圆了孩子们的小小心愿，来自 21 个省市自治区、287 个县、853 所学校的 1512 位乡村教师曾先后来到上海参加培训，直接惠及学生超过 35 万。

西藏孩子收到心愿礼物

国家级贫困县西藏日喀则市萨迦县雄麦乡中心小学的孩子们，也曾收到"爱飞翔"公益项目的心愿礼物。原来每年 4 月，参训教师选拔结束后，组委会要求每位乡村教师"带" 10 位孩子的心愿，其中包括 5 个物质类，5 个非物资类。

初夏 6 月，孩子的物资小心愿被广大市民、各界企业认领，800多份小心愿被一"抢"而空；而非物资的心愿，则由市民志愿者经由"小心愿抄写"活动，针对孩子的问题给予答复而完成。伴随着"爱飞翔·乡村教师培训"的脚步，共计 6690 份小心愿，由爱心市民、各界企业认领并通过"爱飞翔"寄到孩子们手中。

仲夏 8 月，乡村教师培训结束回到家乡后，组委会源源不断地收到感激与感动的回复。孩子们收到礼物后的笑颜，充满了对爱心家庭、企业以及"爱飞翔"的感谢。孩子们在回信中一笔一划、真诚地传达自己的快乐、感激，还有对未来的期盼。"爱飞翔"志愿者们的辛勤付出，爱心人士的慷慨捐助，在孩子们发自心底的欢笑面前，一切都是值得的。

十年如一日，"小小心愿"项目满载了感动和慨叹。乡村孩子们的愿望往往很简单，一个篮球、一支画笔就是他们了解外界世界、表达自己的桥梁，"小心愿"是一次志愿活动，更是一次尝试，尝试用"众人拾柴火焰高"的力量帮助这群大山里的孩子们。

当孩子们翘首以盼更广阔的天地时，"爱飞翔"所能做的，就是用耐心和细心帮助他们完成自己的梦想。也许对于一个家庭来说，买一个小小的书包、两支简单的画笔颜料、三件温暖的棉袄只是生活中微小的开支，但对于一个乡村的孩子们来说，却能够给予他们心灵上巨大的慰藉，带给他们真、善、美。

做公益会"上瘾"

"赠人玫瑰，手有余香。"在"爱飞翔"的感召下，越来越多人加入进来，做公益上了瘾。

在一个微信群里，有几十名"后援团"团员。"他们都是定向捐助乡村学校孩子的，每户人家每个月捐助 100 元，即使有钱也不允许多捐，希望有更多人分享爱心、参与公益。""爱飞翔·乡村教育"

"爱飞翔"项目
11年培训了1000
多名乡村教师

公益项目秘书长刘泊告诉记者。但是，如果乡村孩子碰到困难，或者有什么"小心愿"，大家可以主动认领一起解决。比如，冬天天冷为孩子送去手炉，缺少书籍马上购买寄去等。

走过11年的"爱飞翔"，也已突破了乡村教师培训的范畴，扩大到乡村教育等更广的范围。2019年，获得了全国"志愿者扶贫50佳案例"等荣誉。

11年前，一颗种子被悉心播撒；11年后，种子已经长成参天大树。在"爱飞翔"项目的引导下，贫困地区乡村教师"走出大山看世界"，带领乡村孩子飞得更高；也点亮了城市人的爱心，加入这项扶贫又扶智的公益事业。

作者：宋宁华　刊发日期：2020/7/4

▌案例点评▐

人类的贫困来自生存必需的物质匮乏和发展必需的知识匮乏。"爱飞翔·乡村教育"（简称"爱飞翔"）的工作对象是中西部的乡村教

师，跟东部和城市的教师相比，他们仍然属于文教事业的贫困户。"孩子生来有翅膀，老师带他们飞翔"，但若老师自己都从没乘过飞机，从未见过大海，又如何带孩子去看去讲解外面的世界？老师的知识和眼界、胸襟与抱负，多少决定了孩子们未来的可能性。"爱飞翔"赋能老师，就是经由老师赋能孩子；提升了老师，就是为孩子锻造向上攀援的阶梯。"爱飞翔"做的不正是由知识扶贫而成就育人的百年功业吗？

"爱飞翔"把乡村教师培训做成"人人公益"，是它对扶贫事业的最大贡献，也是对社会公益的最大创新。

"人人公益"的创造性从哪里来？

从社会需要来，围绕乡村教师和孩子，创意一个接着一个，如实现孩子的一个心愿，如"我给乡村孩子写封信"、"我为乡村孩子过生日"等；从上级需要来的公益，不会做到如此的丰富性和人文性；从价值共鸣来，当项目的创始人决心要为乡村教师做点事号召市民，为老师买张票，带老师到家里做一天上海人时，这摆明了是让大家来做，来当主体，能不一呼百应吗？这就是价值驱动带来的人力和人心；从专业网络来，"爱飞翔"经营了一个庞大的志愿者队伍，除了共同的爱心，各界专业人士济济一堂，有专业知识，才会做到专业；有思路，才会有创意；把公益做到专业水准，才把"爱飞翔"做到十年实践十年成长。

十一年来，从"爱飞翔"走出去的乡村老师已经1512位；受惠的学校853所、学生35万；而参与此项目的各界志愿者超过10000位。更重要的是，它示范了人人公益的花样百出，表现了人人公益的活力四射，更诠释了"人人公益"对于改善社会教化人性醇厚风尚的伟大力量。

复旦大学社会学系教授　于海

▌机构简介▌

2006年，"爱飞翔"创始团队发现贫困地区的教师远远得不到足够的培训，对大山外面世界的了解极为有限。学生问起："坐飞机时，人坐在哪里？"老师的回答竟是："坐在飞机翅膀里。"由此创立"爱飞翔·乡村教师培训"公益项目（后改为"爱飞翔·乡村教育"，简称"爱飞翔"），以体验式培训乡村教师为主要途径助力乡村教育。

"爱飞翔"项目由华东师大教育发展基金会飞翔公益基金暨"爱飞翔·乡村教育"组委会创设、募资、执行。项目自2010年起已运营十一年。1512位来自中西部21个省、自治区，287个县，853所学校的乡村教师来到上海参加"爱飞翔"培训，三十多万乡村孩子由此受惠；以上海为主力军加上其他省市乃至其他国家的一万多名志愿者以各种方式参加了"爱飞翔"公益项目。

关注教师，注重体验和人人公益是"爱飞翔"的基本理念。十一年来，"爱飞翔"体验式培训致力于让乡村教师走出家乡、开阔眼界、设置了交流、讲座等多种课程作为项目的主轴。同时为了对接不同需求的市民群体，精心设计各种微公益项目成为有效的"社会接口"，从而形成一个有人出人，有钱出钱，有力出力，有时间出时间，有智慧出智慧，有资源出资源，"人人公益"的"爱飞翔"志愿者群体。

● 运营特色：注重创新注重管理注重设计，以有限的资源走出广阔的公益天地。

● 以大带小：一个大项目"乡村教师培训"创新设计出十一个小微公益项目，对接不同特点、需求的群体。

乡村教师培训结束回到家乡

●以少带多：一二位专职人员带动管理成千上万的志愿者。将志愿者按不同群体的需求和特点分类管理（如：有管理能力、外部资源、充裕时间、募集资金的大中学生，有摄影、新闻报道等各类专业能力的人，又分为专职、长期、短期、远程志愿者）。

●以近带远：以上海志愿者为主设计、管理远程教学、支教、写信、阅读等线上线下公益项目，带动当地乡村学校教师学生和各地各国远程志愿者共同参与。

爱心漂流：让上海孩子的校服
在云南找到新主人

6000多套校服、6000多本课外读物，22所中小学、幼儿园，4000多名小志愿者……今年7月，一辆辆装载着爱心校服的爱心物流车从上海出发，上海广播的记者、志愿者张志勇、建桥学院的志愿者师生，赶赴云南，把这些校服、书籍以及课桌椅，送往有需要的云南中小学。

寻甸、屏边、金平、思茅、勐海……一个个地名由陌生到熟悉。家长、老师、爱心物流、打包装箱志愿者、爱心纸箱厂、摄影师志愿者，无数来自社会的爱心，从四面八方涌来。小爱无声，大爱无疆，公益之路永无止境，走到第三年的"爱心校服漂流"项目，还会涌现出更多的志愿者把爱心传递下去。

一次呼吁，校服纷纷涌来

2018年5月，直播中的上海人民广播电台《直通990》节目接到一个来自云南的求助电话，拨打电话的人叫张志勇。他是全国最美志愿者，在云南已经从事了16年帮困助学的慈善事业。在这个过程中，他在红河州的学校里，看到孩子们穿着不同季节的衣服来上课——这

孩子们收到校服后合影

是他们唯一的衣服，有的学生连鞋子都没有，光着脚走山路来上学，着实让人心疼。

张志勇希望能在上海募集适合孩子活动的衣服，送往贫困地区。上海小学生志愿者谭惠予听到节目，打来电话发起呼吁：请把我们闲置的校服送给有需要的同龄人，当即引发听众共鸣。2018年，节目组募集到了4000多件校服，送往云南、贵州等地的贫困小学，近2000名学生第一次穿上了校服。去年，爱菊小学第一次参加爱心校服捐赠，老师发出倡议后，第二天办公室就被校服"淹没"了。

沪滇两地，家庭影像见证爱心传递

今年，爱心校服漂流车队再次行驶在彩云之南的山路上，微信群里来自上海的关心一直没有停过：我们学校的校服送到了吗？有没有照片可以发来看看？现场记录自然没问题，一次特别的策划也从爱心校服踏上南行之路就开始了。

公益团队在上海和云南选择跟踪了五组捐助与受捐助的家庭，用肖像摄影的方式，见证跨越 3000 公里的爱心传递。上师大第一附小六年级的杨定成，把自己的夏季校服洗得干干净净、叠得整整齐齐，特地买了一张小卡片，写上"海内存知己天涯若比邻——赠给穿我校服的你"。他扎着红领巾，和父母一起拍下了穿校服的影像。

收到杨定成校服的是云南红河州屏边县民族小学四年级的陈红谚，同款小胖墩，这件浅紫色的校服穿在陈红谚身上正合身。陈红谚的爸爸常年卧床，今年 4 月还被下过病危通知书，妈妈李妮蓉是支撑全家的唯一劳动力，拍照前，李妮蓉特意把儿子唤到身边，叮嘱道："这套校服意义真不一般，那么远从上海送过来，儿子你要更加努力。"

三年时间，8000 多上海家庭加入

"爱心校服漂流"活动 3 年以来，覆盖了上海 8000 多户青少年家庭，惠及云南、新疆、贵州等地 5000 多个家庭。今年 5 月中旬，沪上首个"爱心校服联盟"在线成立，包括世外中学、华师大四附中、汇师小学、闸北实验小学、平阳小学等在内的 12 所中小学成为首批成员。之后的两个月内，又有十多所中小学、幼儿园加入。

今年的"爱心校服漂流"行动升级到了 2.0 版本，汇师小学呼吁每个少先队员把捐赠的校服洗干净、叠整齐，放进学校下发的透明塑料袋里，如果同学们有已经看完的书籍，还是八成新的，也和捐赠的这一套校服一起放进袋子里。校服＋课外书组成爱心套装，装入袋子后，学生们仔细填写好袋子上的标签，封口之后捐赠打包。

参与组织捐赠的华师大四附中老师王雁说，今年上海中考的作文题目是《有一种甜》，同学们感受到，自己帮助别人之后，自己获得了一种甜；当大家看到远方的孩子们穿上校服，这又是一种甜，这样

张志勇和孩子们

孩子们收到校服

的爱心实实在在。

世外小学的张纯熙同学特地写了一封给远方小伙伴的信："爸爸妈妈说，以前家里，都是弟弟穿着哥哥的衣服，妹妹穿着姐姐的衣服，勤俭节约，健健康康长大的。现在，这些校服会从世外小学的小朋友身边，漂流到你们的身边，当你们穿上它的时候，我们就好像自己也做了哥哥姐姐一样开心。衣服虽然不是新的，但是我们都洗得干干净净，叠得整整齐齐，因为我们知道，这是要给弟弟妹妹们穿的，它们会带着我们的祝福，陪伴你们健健康康成长。"

第一次参与捐赠活动的熊多多同学也分享了自己的心情，没有想到自己可以帮助到远在云南红河州的孩子们。毕业典礼的时候，他捐了两套校服，一套是夏季的，一套是秋季的，"这也是用一种特别的方式延续我们校服的生命"。

作者：赵玥　刊发日期：2020/11/12

▌案例点评▐

张志勇用共产党人的标准、退伍军人的精神，带着对贫困山区的感怀、献身助学的情怀和上海人的胸怀，矢志不渝帮助贫困孩子，助力山村教育。

张志勇将无私的爱洒向云南山区的孩子们，成为孩子们口中的"上海阿爸"，他也收获了全国最美志愿者、上海市优秀共产党员、上海市最美退役军人、新雷锋等诸多荣誉。

他尽一个老兵的责任，学做行善。

行善，光靠一个人独行侠式的捐款不行，还要发动更多人参与。众人拾柴火焰高。新闻媒体报道了张志勇的公益行，更多的好心人通过服务社捐款捐物，一个人的公益变成了一群人的公益，慈善之路越走越宽。

张志勇经常跑到最偏远的大山中去学生家庭走访。张志勇还经常组织受资助的同学座谈，谈理想，谈未来，使学生成为有理想有能力的人才。

张志勇不是富商，也没有家财万贯，他只是一个做着不平凡事的普通上海男人，一个海军退伍党员军人。

在勐海县，张志勇颇受当地群众尊敬。他们生孩子会请他来起名，建屋上梁会请他喝酒，孩子考上学校、找到工作都会第一时间给他报喜。

人无法延展生命的长度，却可以充实人生的厚度。

个人的力量是有限的，志愿者群体的力量是巨大的，志愿服务带来的幸福是值得传递的。

上海人民广播电台 899 频道主持人 关键

▌机构简介▐

上海张志勇公益服务社成立于 2014 年 5 月，服务社长期致力于精准扶贫，帮困助学，本着"帮扶贫困山区，方显上海大爱本色"的原则，针对云南、甘肃、新疆、宁夏、贵州、西藏等贫困学校、贫困山区留守儿童进行救助，开展了旨在改善这些地区贫困学生及家庭物质生活，提高贫困人口精神生活质量的志愿服务活动，开展赈灾、助学、助老、环保、救灾等公益性服务；开展与国内外慈善福利事业团体和个人的交流和合作。

张志勇的帮困助学行动始于 2002 年，18 年来，从一人出资帮困助学到聚集社会力量共同参与，弘扬了良好的社会风气。目前张志勇志愿者服务社已扩大到 27 个志愿者团队和工作站，有志愿者工作人员 560 多人。

张志勇志愿者公益服务社帮困助学的义举，得到了各级政府的褒奖和支持，2015 年 3 月，张志勇公益行动项目荣获中共上海市委宣传部颁布"上海市践行社会主义核心价值观项目"；2016 年 6 月，张志勇获得中共上海市委授予的"上海市优秀共产党员"称号；2016 年 1 月，获得中央文明办颁发的"中国好人榜"；2018 年 2 月，获得上海市精神文明建设委员会办公室、上海市志愿者协会授予的"上海市杰出志愿者"；2019 月 2 月获得由中央宣传部、中央文明办、全国总工会、共青团中央、全国妇联、国务院扶贫办、人民日报等评选的"2018 年全国学雷锋志愿服务最美志愿者"；2019 年 7 月获得中共上海市宣传部、上海市退役军人事务局颁发的"上海市最美退役军人"。

张志勇志愿者公益行动得到了社会的普遍承认，并产生了良好

　　的社会效应，爱心人士纷纷捐钱捐物加入了帮困助学活动，使更多的学校和学生受益。十八年来，张志勇个人和上海张志勇志愿者公益服务社共计向贫困地区学校和学生发放援助物资和助学金700多万元，援助的学校达到100多所，获得资助的贫困学生达到800多人，很多受援学生努力学习，从知识中获得营养，改变了生活，使家庭摆脱贫困，过上小康生活。2020年因为疫情影响了援助工作，但还是援助了总计21所学校，其中云南18所学校，甘肃、宁夏、山东各一所学校。

　　从最初一个人的慈善发展成为带动周围的人全社会共同做慈善，服务社影响力日益扩大，志愿者队伍日益壮大，共产党员的优秀品质得到了发扬光大，大家行动起来，让贫困地区越来越少，贫困学生越来越少。

上海财经大学教育发展基金会

校地结对：脱贫攻坚中的"上财力量"

上海市和元阳县，天南地北相距 2500 多公里，似乎没有什么交集，可是因为一所大学师生们的善举，让两地结下了一段不解之缘。2013 年，按照国家、教育部定点扶贫工作的部署和要求，上海财经大学与云南省元阳县结为"校地结对帮扶"脱贫攻坚对口联系单位。7 年来，上海财经大学高度重视对口帮扶工作，成立帮扶专班，派出挂职干部，校领导例会定期讨论帮扶工作进展。校教育发展基金会发起设立"元阳帮扶基金"，对接县域教育发展需求，筹措社会资金，精准策划项目。"授人以鱼不如授人以渔"，7 年来上财坚持以"智力扶贫、教育扶贫、文化扶贫"为主线，为元阳县决胜脱贫攻坚战，踏上乡村振兴路，留下了上财人的努力。

助力产业升级

元阳县隶属于云南省红河哈尼族彝族自治州，位于云南省南部，哀牢山脉南段，红河上游元江之南，故得名元阳。"两山两谷三面坡，一江一河万级田"，这是一个集民族、边疆、山区、贫困为一体的国家扶贫开发工作重点县。

上海财经大学与元阳县的结缘要从 2013 年开始说起。为响应教育部号召，上财先后派出牛文光、井然哲、薛亮、李文涛、袁海萍、曹东勃、刘金涛七位老师参与教育部赴滇西扶贫挂职干部工作，来到

上财公益支教活动
启动仪式

元阳县挂职副县长等岗位，通过发挥人才和智力资源密集的优势，以
人才扶贫、智力扶贫和文化扶贫为抓手，坚持精准扶贫与当地生态社
会文化政治建设相结合，做好定点帮扶工作。

　　红河哈尼稻作梯田系统于 2010 年被联合国粮农组织列为全球重
要农业文化遗产，2013 年被列为世界文化遗产，并入选首批中国重要
农业文化遗产。元阳梯田就是红河哈尼梯田的核心区，有 20 多万亩
梯田，主产红米，保留了最传统的独有的哈尼农耕文化和红米的纯正
基因。对于元阳县当地来说，梯田是其重要的旅游资源，但是由于种
植水稻的经济效益低，当地农民种地的积极性不高，长此以往梯田将
无景可看，这将对当地旅游业产生极大破坏性影响。

面对这样的状况，2014-2015 年，上海财经大学副教授、元阳县挂职副县长井然哲决定做梯田红米电商，同时挖掘县里的高原农产品并邀请了阿里的部分专家去当地调研。为了打开销售局面，井然哲带着电商团队去各地学习。在打开销路后，元阳县里的红米供不应求。当产业一步步地扩大，也受到了州领导重视，开始打造高原九红品牌。

井然哲联系了国家相关部门，对红米进行有机认证，协助注册了元阳红等商标、原产地地理标识认证，同时，还申请了中国红米之乡。有了区域品牌，当地农产品电商取得了一定成绩，元阳县粮食局局长李富贵也被中国中小商业企业协会评为 2015 年全国优秀中小企业家"金钻奖"，成为元阳县第一个到钓鱼台国宾馆领奖的人。

如今，围绕梯田红米、云雾茶、中药材、梯田鸭蛋、梯田鱼、牛干巴等扶贫产业名片，通过策划宣传、网络营销、人员培训，井然哲和当地人的努力成果渐渐显现，当地农民经济收入有了显著提高。

扶贫重在"扶智"

作为一所历史悠久的高校，上财深知扶贫的关键是"扶智"，必须做好"育人"这份答卷。因此将培养孩子们对于学习的兴趣作为帮扶的重点。

刘金涛是上财本届派驻元阳帮扶的教师，现任挂职副县长，主要工作职责是协调各种资源开展教育帮扶。2019 年 6 月来到元阳县任职后，通过调研走访，他发现当地孩子们阅读的时间严重不足。"和城市里的孩子一样，那里的孩子也喜欢手机新媒体，接触到的基本都是碎片式的信息。"刘金涛告诉记者，阅读能够影响孩子的一生，养成良好的阅读习惯，是培养自学能力和学习兴趣的重要基础，但他们没有城市里的孩子这么好的条件开展阅读学习。

为此，刘金涛副县长一直积极筹划，建设元阳县"芸梦书屋"村小图书室公益项目。项目得到了上财爱心教工以及校基金会的资金支持，并得到了校图书馆的技术和渠道支持。"芸梦书屋"村小图书室项目旨在提升全县中小学图书室文献资源配置的效率和信息化管理水平，帮助提升图书室的硬件条件，打造能够提供更好阅读体验、更好阅读激励的环境，同时，通过对阅读教师的培训，建设符合乡村学校教学现状的阅读推广活动机制，引导和教育孩子们养成良好阅读习惯，提升学习兴趣，提升学习能力。

刘金涛告诉记者，图书室建设，是对义教均衡考核中关于图书馆建设要求的一次提升和优化，配合接下来的义教优质均衡建设，可以帮助提升图书馆文献资源的使用效率，帮助孩子从有效阅读中养成自主学习的习惯，能够把图书馆的管理运行效果真正体现并融入教学和育人的过程中。

财大 1978 级金融班校友、上海东洲资产评估有限公司董事长王小敏先生捐资 100 万设立的"先星—上财奖学金"，每年资助云南元阳县的两所高中该年度高考排名前 20 名的高三学生，每学年 10 万元，计划连续资助五年。此外，每年再投入 10 万元作为元阳县乡村学校电子阅览室建设基金，用于为乡村学校购买电子阅读器，计划连续资助五年。

2018 年 9 月 10 日，首个"先星—上财微机室"在元阳县上新城中学揭牌，共耗资 20 万元，购买台式电脑一体机 45 台，受益师生 828 人。2020 年 1 月 6 日上午，元阳县俄扎小学"先星—上财微机室"举行揭牌仪式并迎来了第一堂课。

元阳的美丽梯田

聚焦三大领域

在对元阳县的"校地结对"帮扶中，上海财经大学教育发展基金会充分发挥公益的力量，通过整合和拓展资源，与社会慈善基金合作等方式助力元阳脱贫攻坚，聚焦助教、助学、党建三大领域，2020年已直接投入和引进扶贫资金共 400 余万元。

涓流共汇，足以汇成江河，上财师生、校友们的点滴爱心汇聚成大大的力量，在帮扶元阳中发挥了重要的作用。今年 5 月 6 日，校基金会发起设立"元阳帮扶基金"，号召全校教职工、广大校友自愿捐款助力元阳县脱贫攻坚，短短的一个月来，收到个人、集体捐赠 661 笔，累计 1000 余人参与，捐赠资金达 36.18 万元。

在助学助教方面，校基金会联合上海汇添富公益基金会和东方证券心得益彰公益基金会支持当地重点学校思源实验学校的图书馆、实验室等教学设施改善。校内多个支部、校友艺术团、福建校友会、青

岛校友会、湖北校友会、商学院创业俱乐部、IMBA 校友会和 EMBA 校
友会等多个校友组织积极助力元阳帮扶基金下设的助学结对项目，上
财校友马拉松俱乐部还发起"爱助元阳 有你接力"助学公益跑活动，
全国各地上财校友们在挥洒汗水的同时，也用捐赠的善举积极回馈社
会，助力元阳县贫困学子圆梦。助学结对项目共结对 85 名元阳贫困
学子，帮助他们顺利完成高中三年学业。

在党建领域，支持启动"上财智慧党建"项目，项目主要围绕平
台搭建、智力共建、支部联建三个方面进行，为提升元阳县党的建设
数据化、项目化、智慧化水平，全面提升党的建设科学化水平，为全
面决战脱贫攻坚、与全国全省全州同步全面建成小康社会、推进乡村
振兴、推进制度创新和治理能力建设提供智力支撑。

上财还从教育、卫生、农业科技等方面按需施教，务求实效。5
月 18 日至 22 日，支持学校顺利完成了元阳县、乡、村三级干部，扶
贫专干，致富带头人 200 人的集中学习培训以及覆盖全县中小学教师
的专业能力培训。通过教育培训，提升村干部的领导水平和工作能力，
建设一支适应加快农村经济社会发展要求的高素质村干部队伍，由点
及面，带动全县夺取脱贫攻坚战的全面胜利。

作者：李一能 刊发日期：2020/11/7

▌案例点评▐

上海财经大学自 2013 年起，作为对口联系和专项帮扶云南省红
河州元阳县的教育部直属高校，在教育扶贫、消费扶贫、文化扶贫、
智力扶贫等多个领域聚焦发力，为当地脱贫攻坚贡献智慧和力量。特

别是 2020 年以来，在新冠肺炎疫情的影响下，学校教育发展基金会迎难而上，以"为爱一群人，连接两座城"为主题，动员全校师生、校友、校友企业、社会慈善基金会累计 1000 余人参与，完成直接捐赠 200 万，促成间接捐赠 200 万。抓住党建这个"牛鼻子"，设立"智慧党建"子项目，举办"三级干部培训班"，协助提高当地干部财经业务水平。深耕教育扶贫，设立"扶贫助学结对"子项目、"思源校舍改建"子项目、"先星"奖学金子项目，从软硬件两方面提升当地教育水平。此外，通过"爱助元阳 有你接力"助学公益跑活动，广泛宣传了公益理念，取得了良好社会效果。

曹东勃 经济学博士、副教授、博士生导师

现任上海财经大学党校副校长、党委组织部副部长

2018 年 7 月至 2019 年 6 月挂职云南省红河州

元阳县人民政府副县长

机构简介

上海财经大学教育发展基金会是经上海市民政局批准，于 2008 年 10 月 31 日成立的非盈利性社会组织，基金会宗旨是为推动教育事业的发展，多渠道筹集办学资金，争取国内外的企业、社会团体、个人的支持和捐助，提高学校教育质量和学术水平。

在广大校友和社会各界的大力支持下，基金会紧密围绕学校"双一流"、"十三五"规划、"综合改革"等各项中心工作规划，多维度支持教育事业发展：

人才培养方面，基金会积极助力学校培养卓越财经人才，先后设

立了近百项类型丰富的奖助学金项目，激励学生追求卓越。

师资建设和科学研究方面，对接学校事业发展规划，重点支持亟需发展的学科。如支持讲席教授、讲席副教授计划，造就一批学术领军人才和优秀学科带头人。

校园文化和硬件建设方面，积极营造公益氛围、弘扬慈善文化，打造美丽校园。如基金会指导建设"思源社"，积极引导在校生参与公益慈善；支持校园公益和绿化建设及楼宇冠名建设等。

社会服务方面，基金会关心社会发展，承担社会责任，助力脱贫攻坚，将公益理念传递到社会中去。如校友公益项目"上财人互助基金"；教育扶贫项目如"先星—上财奖学金"等，资助西藏、元阳县、

上财校友与
同学合影

四川宜宾等贫困地区教育事业的发展等。

规范化建设方面，强化务实、高效、公开、透明、专业化。如获评上海市 5A 社会组织，成为上海市高校中首家也是唯一一家初次参评便获 5A 的高校教育基金会。基金会还获得上海市公益基地称号，并通过慈善组织认定。2018 年，基金会终荣获"十佳公益校园"奖项。截至 2020 年 9 月，根据基金会中心网发布的最新"中基透明指数"（FTI），基金会持续获得满分。

基金会以助力学校教育事业发展为宗旨，凝聚社会各界多方力量的支持，为上海财经大学建设鲜明财经特色世界一流大学提供有力支撑和保障；以公益为核心，努力发挥桥梁与纽带作用，力争在校友与学校之间，在校友们之间，在学校与社会之间，搭建一座严格规范、高效务实、值得信赖、风清气正的爱心桥梁。

上海市大华公益基金会

希望网校：用一块屏幕连接大山内外

"小小少年 / 很少烦恼 / 眼望四周阳光照 / 小小少年 / 没有烦恼 / 但愿永远这样好……" 9 月 4 日，云南水磨小学学生迎来了大华蒲公英云南支教团老师上的最后一节课，五年级学生在老师的带领下唱起了《小小少年》这首歌。志愿者罗老师说，"我们想告诉孩子们，虽然这次支教结束了，但老师一直都在，社会的支援一直都在。我们去那里的目的，就是希望这些小小少年能没有烦恼，健康地长大。"

水磨小学的所在地云南省曲靖市会泽县，是云南省 27 个深度贫困县之一。然而就在这么一个贫困面大、贫困程度深的地方，仅今年就有 11 名学子被北大、清华录取。"我们始终认为，教育在阻断家庭贫困代际传递中能发挥积极的作用。"大华公益基金会秘书长王士章表示。

"努力学习，走出大山"是许多会泽县孩子激励自己学习的口号，但由于家庭贫困、学校师资力量不足等原因，当地仍有不少孩子无法接受到良好的教育。水磨小学所在的水磨村，村里的青壮年基本都外出打工了，如何更好地教育"下下一代"，常常让文化程度不高、思想观念老旧的"留守老人"手足无措。一部分老人甚至连普通话也听不懂，更毋论辅导孙辈功课了。

水磨小学 6 年级学生刘永琼的父亲身患癌症，母亲刚做完心脏手术，她每天要带着弟弟翻越两座山，步行一个多小时来学校上课，回

志愿讲师带领孩
子们打篮球

家后还要帮忙干农活、做家务，功课却一样也没落下。像刘永琼这样
跋山涉水来上课的孩子还有好几个，身处贫困的孩子充满了强烈的求
知欲，这让基金会的工作人员备受感动。

"去年，我们资助了一名考入中国人民大学的会泽县学生，他告
诉我，自己数学很好，所以报考了统计类专业，但他的英语很差，不
敢开口。"王士章说。英语基础薄弱、口语差的情况在会泽县学生中
相当普遍。如今，大部分城市里的孩子从一年级起正式学习英语，然
而会泽县学生要从三年级才开始接触英语，水磨小学的学生由于缺少
老师，只能等到进入初中后才有机会学英语。给学生们上了英语课后，
罗老师发现，"孩子们都不知道26个英文字母在四线格里应该写在
什么位置，有的人甚至会写在格与格之间的空白处，因为他们从来没
看到过ABC，更没有看到过四线格。"

"今后水磨小学的学生要和其他人进行统一的竞争，但他们比其
他孩子晚了6年接触英语，这也促使我们决定，要给孩子们上英语课。"
王士章表示。除了"雏鹰助力计划"暑期云南公益支教活动、"铸梦桥梁"
公益捐书活动、"助梦园丁"乡村教师培训等项目，大华公益基金在

合理配置义务教育资源全面扶

支教团来到云南省
会泽县大桥乡水磨
小学展开支教活动

宝山团区委的推动下，于去年推出了"希望网课"这一教育扶贫远程支教项目，给孩子们带来英语、音乐、美术、书法课程。基金会希望通过网校的模式，让孩子与志愿讲师跨越空间上的限制，享受到高质量的教育课堂，既解决了短期支教的不连续性问题，又能成本最小化地让孩子们享受到优质的教学资源，让网络与科技助力支教，用一块屏幕连接大山内外。

去年10月，宝山团区委在"青春宝山"公众号上发布推文，向社会招募爱心志愿者，共有66位社会志愿者与10余家培训机构"举手报名"。经过面试，8名志愿者成为了"希望网校"的第一批老师，教五年级学生英语的志愿者罗老师便是其中之一。"我以前是一家通信公司的技术项目经理，英语是日常工作语言，有了两个孩子后成了全职妈妈。正好看到招募志愿者的消息，我想自己的时间比较充裕，各方面都满足条件，就报名参加了。"

当问到罗老师是否还会继续做"希望网校"老师时，她的回答非常坚定：我会继续做下去的。"我在上海做一个英语老师的话，只是在教孩子学英语，但做一个给山区孩子上课的老师，可能不仅仅是他们的英语老师，也是他们看向世界的一扇窗。这些孩子对外面的世界是很向往的，我也希望可以教给他们更多的东西，打开他们的眼界。"

从这学期开始，会泽县三年级和六年级学生将进行英语统考。大华公益基金会副秘书长郑蓓洁表示，"'希望网校'的试点也启发了会泽县的教育者，他们认识到学生们能以上网课这种方式学习英语，学校应该尽早地让孩子接触英语，让他们能和其他孩子站在同一起跑线上。"

2007年，大华集团在上海市青少年基金会下设大华蒲公英基金会，十几年来持续开展与青少年发展、教育扶贫相关的公益项目。2019年3月，大华公益基金会获批成立，正式启动大华蒲公英教育扶贫系列项目，包括援建希望小学、开办希望网校、公益支教、贫困助学等内容。

如今，基金会正不断推进"希望网校"的铺开工作。今年，云南宣威市得禄乡肥谷小学的学生也将享受到上海老师带来的英语、音乐、美术、书法网课。"贫困地区对老师的需求量是非常庞大的，在较发达地区愿意做这个事情的人和企业也非常多，但需要一个完善的体系。我们做这样一个网校试点，也是想要做出一个可复制可推广的模板，并引起更多人的关注。希望今后能通过政府主导，发动更多社会力量共同参与。"

作者：黄佳琪　刊发日期：2020/10/23

▌案例点评▌

上海市大华公益基金会的捐赠方大华集团是从宝山区发展起来的企业，对宝山区有着深厚的感情。大华公益基金会成立伊始，就响应宝山区政府号召，在宝山区对口扶贫地区云南曲靖市（一市四县）开展了很多扶贫攻坚相关的工作，包括援建希望小学、开展希望网校项目、贫困助学等，且多方号召捐建图书馆、阅览室，捐款捐物。

为了贯彻习近平总书记关于希望工程的重要指示，落实共青团提出"要把希望工程这项事业办得更好，努力为青少年提供新助力、播种新希望"的明确要求，宝山团区委牵头发起希望网校项目。该项目一经发起，就得到了大华公益基金会的热心支持，基金会工作人员全力以赴参与了志愿者老师招募、课程小组组建、硬件软件筹备、试播试讲等环节，且承担了硬件设备、教材教具、志愿者老师补贴等所有费用。目前网校课程已在云南省曲靖市会泽县大桥乡水磨小学开设英语、音乐、书法、美术四门素质类课程，得到当地教育局及学校师生的一致好评。本学年开始，希望网校新增了宣威肥谷小学教学点，形成模板后将通过上海团市委、市合作交流办进行联动推广。

大华公益基金会在扶贫攻坚工作中不做只出资的甩手掌柜，事必躬亲，真正能体现其"用行动传递向善的力量"的核心理念和价值观。

宝山团区委副书记 刘传宝

▌机构简介▌

上海市大华公益基金会（以下简称"大华基金会"）于 2019 年 3 月获上海市民政局审批通过成立，初始注册资金 1000 万元人民币，是以大华（集团）有限公司为主要捐赠人的公益行为体，是大华集团企业社会责任的重要窗口。

大华集团成立于 1988 年，成立以来发展不忘回报社会，自 1995 年启动百万教育基金，历经 11 年运作。2007 年在上海青少年基金会下设立"蒲公英基金"，2010 年在上海慈善基金会下设立"大华社区

学生们展示手工课
成果

专项公益基金"，开展大难援助及各类公益活动，致力于扶贫帮困、青少年发展、社区完善、女篮事业等，在慈善公益方面累计捐赠超3亿元，先后获得了"企业慈善奖"、"中国房地产年度社会责任感企业"、"宝山区热心公益事业先进企业"、"上海市重大工程立功竞赛优秀公司"、"希望工程20年杰出公益伙伴奖"、"上海市慈善基金会优秀合作伙伴"、"令人尊敬的上海房地产企业"等荣誉称号。

脱贫攻坚方面的主要举措

大华基金会定位为一家扶贫帮困为中心的基金会，主要聚焦乡村扶贫、青少年教育、篮球运动和社区公益，以助力农村与城市社区综合发展，做政府的好助手，做社区的好伙伴。

大华集团作为在宝山成长起来的企业，响应上海市特别是宝山区政府对口援建云南曲靖脱贫攻坚的号召，在宝山区外派干部的组织下，于2019年1月赴云南省会泽县进行调研，大华集团拟在教育扶贫领域精准发力，选择深度贫困的大桥乡水磨小学作为资助对象，并开展系列配套公益项目。

英语课后，学生们
与志愿讲师合影

捐建希望小学：捐资 325 万元，为水磨小学新增建设学生宿舍楼、公共浴室、田径场、篮球场、校园大门、围墙及附属设施。预计 2021 年 3 月新学期开学可以投入使用，让分布在大山深处各自然村的孩子们能住上学校宿舍，不再每天奔波在翻山越岭的上学路上。

希望网校：当地缺乏英语、美术、音乐、体育、书法、科学等课程教师，影响孩子综合素质成长，特别是整个小学 1-6 年级都未开设英语课，对孩子通过考试求学走出大山制造了障碍。协同宝山团区委、上海团市委开展"蒲公英希望网校项目"，招募支教志愿者进行网络支教。目前有会泽县水磨小学、宣威市肥谷小学两个教学点，课程涉及英语、美术、音乐、书法等。大华蒲公英希望网校有小班制教学、双师（网校及现场老师）配合、线下支教互动等特点。

实地支教：每年暑假开展实地支教，给山区孩子带去 90-100 课时的支教课程。

捐款捐物：为水磨小学捐建图书馆、阅览室，捐赠图书、衣物、学习及生活用品等。

贫困助学：资助会泽籍贫困大学生部分入学及每月生活费，目前资助人数 3 名。

上海焕皋公益基金会

爱心之石：援建日喀则地质科普馆

西藏日喀则市上海实验学校，有一座海拔 4000 米的地质科普馆。捐赠这座科普馆的，是上海焕皋公益基金会。会长吕焕皋生前计划建造 100 座民间博物馆，这座国内海拔最高的地质科普馆是他最后了却的心愿。

100 座博物馆的心愿

吕焕皋祖籍江苏高邮，去年春天，参加高邮商会活动时认识同乡、在日喀则市上海实验学校任教的韩正鹏。这所学校 2004 年由上海市政府投资建立，是西藏自治区唯一一所 12 年一贯制的学校，共有 2000 多名学生就读。向后者详细了解情况后，吕焕皋遂萌发要为上海教育援藏出一份力的念头。

"原来也知道吕会长，但并不算认识。这次聊起，得知我在那里任教，他提出给学校捐赠地质标本。"韩正鹏就将吕焕皋的想法转达时任上海教育援藏工作队队长、日喀则市教育局副局长和日喀则市上海实验学校校长傅欣，后者对焕皋公益基金会的想法非常支持，学校内建地质科普馆，不仅有利于西藏学生的地质教育、培养学生对地质科学的兴趣爱好，更能传播与普及地质科普知识。

吕焕皋在捐赠地质科普馆的发车仪式上

  吕焕皋的妻子杨霞琴回忆，捐赠计划立项后，在东方地质科普馆里，望着身边大大小小的石头，当选过上海市劳动模范的吕焕皋非常高兴，觉得自己做了一件特别有意义的事情。吕焕皋有一个心愿，要建100所民间博物馆。这十多年，吕焕皋凭借努力，已在上海建起东方地质科普馆、铜镜馆和土灯馆等28座博物馆，如今还能为西藏日喀则的孩子带去一座地质科普馆，让未能登上雪域高原的他也弥补了遗憾。

5000公里的嘱托

  2004年，吕焕皋在浦东新区祝桥镇江镇路建起上海东方地质科普馆，巧的是，这座科普馆与日喀则市上海实验学校同龄。"他就喜欢收集各种化石。后来，为照看这些石头我们索性搬到馆里住了。"杨霞琴记得，有一次在新疆，丈夫三更半夜起来，问他去哪里那么急，回答去边境看掉下的陨石。这大大小小的石头，好似吕焕皋散落在各地的孩子，他想方设法把他们带回家，一个个做上标签搭好底座，工作之余，就过起相看两不厌的日子。

  上海教育援建西藏日喀则，捐赠地质科普馆是头一回，这项工程的规模，远不是几箱书本、几套教具可以比的。但既然做了决定，吕

上海东方地质科普
馆馆长吕振欣介绍
捐赠的地质标本

焕皋就有决心将它兑现。运输是最大的挑战。两地相隔 5000 公里，海拔落差 4000 米，这些标本如何离开上海，去日喀则安家？吕焕皋安排了两辆集卡，走公路。但看到这些五颜六色、形态各异的石头，司机急了，"拖过去要是碎了怎么办？"多年从事货运代理的吕焕皋早有准备：每件标本都配上底座辅以防撞海绵打包装箱，完全按公路的货运规格办。

为了确保运输途中没有瑕疵，受吕焕皋托付，东方地质科普馆的刘玉真跟车先跑了一趟日喀则。一路上，要设计行车路线和行车时间，以便确保标本安全运抵。高原反应让同行的场馆设计师头痛欲裂，刘玉真庆幸自己扛了下来，"到了学校，把场地看了，场馆图纸定了。"吕焕皋还特地挑选一块 4 米来高的灵璧石，作为日喀则市上海实验学校地质科普馆的石碑一同赠与。"跟学校商量后，石碑就放在校门口"，刘玉真感叹，定下这件事后，方觉自己完成吕会长的重托。

150 吨重的爱心

杨霞琴拿出一张照片——夫妻俩在刚刻上"西藏日喀则市上海实验学校地质科普馆"的石碑前留念，在妻子身边，两鬓斑白的吕焕皋看上去有些憔悴，"那时候他已经得了癌症。"

几十年的辛劳，肝癌已转移至身体其他部位，病魔折磨得吕焕皋精力锐减。但捐赠日喀则的520多件地质标本，他仍坚持自己挑选。其中2棵直径2米的巨型硅化木标本有1.5亿年的历史，禄丰龙恐龙化石骨架完整度达到80%，还有重达1.5吨的巨型稀有巴西单晶体水晶，以及1.8米高的宝石级水锌矿晶簇……这些标本总价700多万元，重量超过150吨。"每件标本他都做了详细的说明，"杨霞琴说，"还精心准备了200多本有关于矿物晶体、宝石鉴别和加工方面的书籍，与专为学生编设的宝石知识视频课程一同捐往日喀则。"

去年5月的发车仪式，吕焕皋已走不上舞台，担任科普馆馆长的女儿吕振欣推着父亲来到现场。在两辆载满化石的集卡前，吕焕皋艰难地站起来，这一刻，他亲眼见证自己多年的珍藏，跋涉万水千山，从东海之滨驶往雪域高原，要让这份爱在日喀则学生的心里生根，发芽。

五个日夜的跋涉，地质标本运抵日喀则市上海实验学校，让人欣慰的是，两车化石毫发无损。湛蓝的天空下，学生的笑靥前，这些古老的石头更加鲜艳，仿佛有了新的生命力。韩正鹏说："学校开设了各类拓展课，西藏没有灵璧石、太湖石等，学生们都是第一次见到。"这不仅是西藏第一座学校内的地质科普馆，也是中国海拔最高的地质科普馆，在传播与普及地质科普知识之际，真正做到扶智扶贫，教育援藏、科普援藏。感谢竖起这座丰碑的吕焕皋，焕皋公益基金会的同仁说，他未竟的公益事业，大家会继续做下去。

作者：金雷　刊发日期：2020/09/10

▍案例点评▐

　　随着上海援藏活动的深入进行，我们接收到了上海社会各界的慷慨援助，但捐赠整座科普场馆的还是第一次。在吕焕皋先生的带领下，上海焕皋公益基金会经过整整一年多的精心筹备，总共准备了总价值700多万元，约150吨矿物晶体、宝石、化石和地质构造大型标本，全部捐赠给日喀则市上海实验学校。而且特别有意义的是，不少矿物晶体和岩石标本都来自西藏，其中不乏比较珍贵的藏品，吕焕皋先生也不顾自己重病在身，仍然认真挑选了一批宝石鉴定和加工方面的书籍，准备了宝石知识远程教学讲座，以便让学生掌握实用技术，提高就业技能。

捐赠的地质标本

今年，恰逢新中国成立七十周年，同时又是西藏民主改革六十周年，而今天，150吨的矿物标本即将启程，开往四千多公里之外的西藏日喀则，这是上海人民与西藏人民民族团结的有力见证，是向西藏人民送上的一份特殊的礼物。这也将是西藏的中学里第一座地质科普标本馆。无论是对西藏的教育事业，还是上海对西藏的援建，这将是浓墨重彩的一个篇章。

西藏驻沪办事处主任 杨中华

▌机构简介▌

上海焕皋公益基金会成立于 2016 年，由上海知名慈善家、企业家吕焕皋先生出资，经上海市民政局认证的慈善公益组织，主要工作是帮助社会困难群体、资助文化项目。

上海焕皋公益基金会秉承吕焕皋先生"播善减贫，成就他人"的精神理念，以不断发展并促进解决社会问题为己任，视捐赠人、志愿者、一切爱心人士为伙伴，以建成值得信赖、值得期待、值得尊敬的公益组织为目标。在市民政局及社会各界爱心人士的支持下，截至 2017 年末上海焕皋公益基金会已累计受捐超过 800 万元，并悉数捐赠给中国工程院、上海七宝中学、重庆第七中学等社会各界的教育、文化团体和上海闵行区台胞台属联合会、生活困难的志愿军老战士中的困难群体，超过 5 万人受益。

上海焕皋公益基金会在政府及社会各界的支持下，将努力探索具有中国社会主义特色的现代基金会发展模式，通过基金会自身的增值，为帮助更多的组织、群体做出自己的贡献。

上海临港公益基金会

远程教育：孩子的眼睛
一秒钟也舍不得离开屏幕

一根小小的网线，缩短了城市优质教育与乡村之间长长的距离，连接起了贵州省遵义市道真县乡村小学孩子们大大的梦想。2020 年 5 月，上海临港公益基金会和贵州遵义道真县教育局"云签订"了临港 - 优来道真县远程教育助学项目资助协议，2020 年 9 月中旬，道真县 20 所乡村小学全面启动第一节线上英语、音乐教学。

远程计划三年为约

上海临港集团自 2014 年与遵义结缘，与汇川区共同打造的临港遵义科技城，成为沪遵产业扶贫的典范。2018 年上海临港公益基金会成立后，更是将扶助方向从产业合作向教育扶助转化。2019 年在遵义市第五中学启动了"临港班"高中助学计划后，2020 年又实地了解了道真县乡村小学教育事业发展的现状和困境。

"全县共计 41 所乡村小学，县域内各所乡村小学均面临着教师数量严重不足、教师年龄构成比例失调、专业教师空缺等困境，目前各村小教师的年龄大多在 40 岁以上，且基本上没有专职的英语、音乐、美术和体育老师，也没有标准的音乐教室、美术教室、舞蹈室等基础

实地开设音乐教学 &
了解当地乡村小学音
乐基础

设施，课程教学质量和学生知识基础都非常薄弱。"上海临港公益基金会陈浩说，视野的狭窄、教学知识与方法的陈旧、软性环境的贫乏，限制着乡村儿童接受全面的基础教育。

　　"2019 年，我们曾经资助上海优来公益基金会在甘肃庆城县做了一年多的乡村小学远程教育项目试点，非常成功，项目模式和运作经验成熟，和道真县的需求有着非常高的契合度。"陈浩说，于是，才有了文章开头的"云签约"。临港 -U 来道真县远程教育项目由上海临港公益基金会资助、上海优来公益基金会执行、道真县教育局及学校支持共同实施。项目计划实施三年，自 2020 年 6 月起至 2023 年 8 月止。项目计划第一年先选取道真县 20 所乡村小学试点开展英语和

通过线上英语直播
课 & 排摸当地乡村
小学英语水平

音乐远程教育课程,预计于三年时间内覆盖道真县全县41所小学英语、音乐和美术3门课程。

眼睛一秒也不离开

计划既定,课件与教案研发、优秀示范课教师队伍组建、县镇线上支教老师和乡村小学助教老师队伍招募和组建、在线课平台软件安装等工作紧锣密鼓地筹备,6月份便已全部完成。

为了保证项目在9月全面开课,6月28日,临港-优来项目团队的小伙伴们和示范课老师代表一起踏上了前往道真县的实地考察之路,更深入地了解当地乡村小学学生基础、排摸县镇支教老师授课水平、组织线下教学研讨会,以备进行下一步的课程及教案开发。

开建小学、平胜小学、齐心小学和巴渔小学4所村级小学,每一所小学都坐落在山脚下,依山傍水,风景优美。葛老师用开场舞、律动、歌唱、念谣、再见歌等奥尔夫音乐教学法内容评估了孩子们的专业能力水平。在教学过程中，除了引导孩子们学习音乐基础理论知识，还融合了合作能力、反应能力、记忆力、理解力、观察能力、身体协调能力及语言表达能力等综合训练内容，对孩子们的能力进行更全面的了解。孩子们从开始的害羞带着一点胆怯，伴随着老师的开场歌曲迅速融入到活动中来，通过自己的努力闯过音乐课程的重重关卡。这些孩子们虽然没有音乐基础，但却展现出了很好的音乐节奏感。

贡老师通过项目的远程教育平台为孩子们带来了线上英语直播课，通过图片、视频、游戏等方式带领村小的孩子们学习基础的英语课程，以了解孩子们的英语学习基础和态度。在课程中，孩子们闪亮的眼睛紧紧盯着屏幕，一秒钟都不舍得移开，面对电脑屏幕上老师的提问，纷纷举起小手争先恐后地抢着回答。

共享优质教育资源

陈浩介绍，项目计划每年通过上海示范课老师 100 多节的网上示范课，教育专家 10 多天的现场培训，让道真县的县、镇教师掌握与城市同步的英语、音乐等课程的专业教育理念和教学方法，为道真县组建一支优秀的线上教师队伍。并计划让道真县的线上教师队通过远程教育平台为村小开设 960 课时在线英语课、480 课时在线音乐课。县镇教师队伍通过每周的线上教学，就能够让不开英语、音乐等课程的乡村小学也能够获得和大城市一样的优质、多元的教育资源。

"远程教育符合当下社会需求，尤其是在上半年疫情发生后，更加体现了线上教育的优势和作用。"陈浩说："我们的目的是把上海的远程教育理念和课程设计资源，带给道真。同时通过上海师资的线上示范课，专家的线下现场专业培训，提升当地老师的授课质量和水平。最终，目的是为当地打造一支属于他们自己的远程教育的师资力量，同步提升线下乡村老师的教育水平。这样经过三年的发展，当地可以实现自己的内循环，解决城乡优质教育资源分配不均衡的矛盾，最终落在孩子身上，就是为乡村的孩子们提供一个平等受教育的环境和条件。"

作者：　姜燕　刊发日期：2020/11/5

▌案例点评▌

随着精准扶贫、对口帮扶的不断深入，我们越来越清晰地认识到，阻碍乡村教育快速发展的，不仅仅是教学楼和学费，而是资源：信息、人才、视野……

传统的助学方式，诸如助学金、支教等，虽然爱心涌动，但仍无法填平城乡教育之间的沟壑。近年来，互联网技术的发展，让更多人看到了城乡教育公平的可能性。

"互联网＋教育"，一根网线的连接是基建；可持续的平台搭建、资源输送、教师培养更是灵魂。如雨后春笋般出现的相关公益项目，都在寻找"互联网＋教育"促进城乡教育公平的好方法、好模式。

临港－优来道真县远程教育助学项目从音乐、美术、体育、英语等拓展课程切入，运用"远程教育＋示范课共享"的模式，集中弥补城乡基础教育不均衡中最显著的问题之一——美育和视野问题，将上海的优质教育资源带到乡村去，为乡村孩子打开看世界的窗户，种下影响世界的梦想。

同时，注重可持续发展至关重要，临港－优来道真县远程教育助

2020 年 9 月第一节线上英语课在道真县 20 所乡村小学正式开课

学项目将"打造一支当地的线上远程教育的师资力量，同步提升线下乡村老师的教育水平"作为目标之一，为未来实现内循环打下基础。

通过政府、学校、老师的智慧和努力，社会力量的共同参与，如果有越来越多的"互联网＋教育"公益项目不断创新和探索，有多种模式可以在全国推广，将来，乡村的孩子们一定会平等地受教育。

冯志刚 浙江省政协委员

浙江省残疾人福利基金会理事兼秘书长

都市快报公益部主任

▌机构简介▐

上海临港公益基金会是由上海临港经济发展（集团）有限公司发起，经上海市民政局批准设立并主管的非公募基金会，于 2018 年 10 月 19 日正式登记注册成立。基金会以"躬行善举、弘扬善行、产业报国、回馈社会"为服务宗旨，不断探索"产业园区办慈善"的新模式，充分发挥园区引领与资源整合优势，带动园区 10000 多家入驻企业和 40 多万职工共同投身社会公益事业，努力让"慈善"成为临港"家国文化"的重要组成部分，让园区成为汇聚爱心、传递爱心的新天地。

　　基金会立足社会慈善事业和临港园区发展大局，以"问题导向、因地制宜、精准定制"为运作原则，重点围绕园区周边街镇、上海市部分特殊困难群体、上海市外对口帮扶地区等方向，在"助学助成"、"爱老助老"、"特殊群体"、"三区三州"四大领域积极开展公益项目，努力让更多的孩子拥有平等的教育机会，让更多的老人能够安享幸福晚年，让更多身处困境的特殊群众得到及时的帮助，让更多的贫困地区感受到临港的温度。

　　成立两年来，临港公益的爱心足迹已遍布上海、江苏、贵州、云南、青海、山东、甘肃、西藏等8个省（市），累计捐赠善款超过3000多万元，资助公益项目32个，受惠人群接近10000人；组建了临港公益志愿者服务队16支，吸纳党员和优秀员工263名，贡献志愿服务时间超过2000小时。同时，临港公益的爱心也通过基金会的受助群体得到了广泛的传递和流转，基金会资助的孤寡老人将亲手编织的爱心围巾送给了千里之外的"临港杉树班"贫困学生；自闭症儿童努力学习唱歌、跳舞、乐器演奏，参与了十几场公益演出；"生命奥运"癌症康复班的老学员申请成为新班级的志愿者，和新学员展开了师徒带教活动，他们都在用自己的力量持续回馈着社会，从被他人关爱转化为关爱他人，在临港公益的爱心平台上实现了善的循环。

书画梦想：把童年描绘成彩色的模样

茶泽榆是云南省大理州的一名三年级学生，从小被外公带大。她的爸爸妈妈都在上海打工，很少回家。每年父母抽空回来的时候，便是茶泽榆最开心的时刻。她非常懂事，经常帮着外公干一些简单的家务活，扫地、倒垃圾、擦桌子、洗碗、洗袜子……茶泽榆的性格很内向，因为没有爸爸妈妈的陪伴，她总是一个人孤零零地玩耍。不过，现在她有了新爱好，通过画画，记录平凡生活里的点滴美好。自从参加"书画梦想"公益项目开办的书画梦想班后，她渐渐自信开朗起来。茶泽榆说，自己以前总是在角落里发呆，觉得世界都是黯淡无色的。但拿起画笔，把自己的愿望——画在纸上，内心也变得缤纷多彩起来。她特别喜欢的一幅作品，是全家人手拉手整整齐齐。茶泽榆说，能跟爸爸妈妈一起生活，是自己最大的愿望。

像茶泽榆这样的留守儿童还有很多。边远山区经济相对落后，乡村学生和留守儿童成为典型的弱势群体，他们的教育现状也不容乐观，师资力量薄弱、学校设施陈旧、教育经费短缺等都是穷困山区教育发展的最大障碍。有数据统计，在云南少数民族贫困地区的小学，95%以上的学校没有专业美术老师，还有一大部分的学校没有落实美术课，艺术学科成为被遗弃的一片荒土。在各类美术竞赛活动中，贫困地区的学生获

姓名：潘棋
年龄：6 岁
推送学校：云南省大理州洱源县永联远亨小学
作品名称：手拉手、心连心
创作感想：上海和云南是结对帮扶城市，多年来，上海市真情帮扶我们云南，创新扶贫工作模式，开展产业扶贫新局面，推进精准帮扶，成为全国对口帮扶合作的典范。云南各族人民群众对此感怀在心。云南和上海两地的小朋友也因为帮扶认识到对方、了解到对方，成为好朋友，为以后两地的发展贡献年轻一辈的力量。这幅画寓意着滇沪两地情谊深厚，友谊长存，携手共同发展！

24

姓名：杨兴美
年龄：12 岁
推送学校：云南省大理州祥云县下庄镇金旦小学
作品名称：加油
创作感想：许许多多的医生和护士，穿着厚重的防护服，带着护目镜战斗在疫情最严重的一线。没日没夜地在那些不幸感染病毒的人治疗、护理，当他们脱下防护服和护目镜时，脸上留下了深深勒痕和早已被汗水浸泡的衣服。

姓名：张国
年龄：13 岁
推送学校：云南省大理州南涧县南涧镇文昌小学
作品名称：静待美好未来
创作感想：时代在进步，社会在发展，未来可期，世界多美好！

姓名：朱雅萱
年龄：12 岁
推送学校：云南省大理州洱源县永联远亨小学
作品名称：中国加油、武汉加油
创作感想：抗疫期间的白衣战士们，"钟南山、李兰娟"医护人员像镜头前面的战斗。在一线奋斗与病毒厮杀，奋勇。病毒无情，人间有爱，只要大家众志成城、勤洗手、勤消毒、勤戴口罩，一定可以战胜病毒。

云南省大理州学生的
作品

25

奖甚少。孩子们失去的是一个最重要的培养开发创造性思维的最佳时机。

如何在给留守儿童关爱的同时，解决贫困地区小学科基础薄弱的难题？"书画梦想"公益项目应运而生。该项目是由上海浦东一心公益发展中心于 2017 年成立的慈善公益教育项目，为帮助贫困山区及留守儿童获得高质量的美术素养教育，项目通过整合上海专业师资力量、爱心企业赞助和热心家长团队，提高边远山区教师执教业务水平和职业素养，关爱山区和留守儿童的学习生活，让他们在资源缺乏的现实情况下，培养留守儿童的学习兴趣，启发他们的想象力和对未来的向往。该项目以山区贫困及留守儿童为对象，以美术教师培训为切入点，坚持以"培养心理健康、拥有创造力的孩子"为出发点和具体目标，用"关爱老师心理、关爱孩子心理、关爱孩子生活"为内容，全方位帮助贫困和留守儿童拥有高质量的素养教育。通过关爱和陪伴提高孩子们的艺术修养和行为思考能力，促进他们身心健康成长。

每年，"书画梦想"公益项目会组织上海一线专业美术老师，通过线上培训（微信课程）将美术知识通俗易懂地传授给当地 200 名非美术专业的兼职老师，课程涵盖图案入门、剪纸、素描、彩泥、衍纸、手绘彩铅、油画棒技法等课程。项目也会从参加过线上培训的老师中挑选 40 名老师和上海的优秀美术老师一起，在大理进行为期 4 天的强化面授，进一步提升老师们美术技能的同时，加入心理关爱的课程。"书画梦想"公益项目还开设了书画梦想班，每个班招收 25 名留守或贫困背景的爱好美术的学生。书画梦想班学制为两年四个学期，利用下午放学后的课余时间，每周上两次课，每堂课 60 分钟，通过专业的美术课程充实孩子们的课余生活，通过陪伴关注孩子们的内心世界。自从 2018 年 6 月项目成立至今，"书画梦想"公益项目已经通过在线培训当地教师 602 名，当地集中培训教师 101 名，有 20000 余位学生间接受益。开设的 54 个书画梦想班帮助 1200 余位小朋友开启艺术之旅，放飞他们的梦想。

"儿童创意画可以促进儿童形象思维和想象力的发展，促进大脑发育，激发他们的灵感，使他们形成基本的美术素养，对生活中的美有更进一步的领悟。"上海浦东一心公益发展中心理事长米晓军刚结束在大理的回访，坐在上海的办公室里，讲起在书画梦想班中看到的情景，他深受触动。"小朋友们蹦蹦跳跳地进入教室坐好，期待着老师发画纸和画笔，一个个都迫不及待地要展现自己的绘画本领。领取材料之后，老师们耐心指导着学生创作着，孩子们发挥着想象力，时而手拿画笔、认真思考，时而表情严肃、低头作画，那专心致志的样子，宛如一个个小画家。作品完成以后，得到老师的夸奖，他们非常开心，忍不住在电话里和爸爸妈妈分享。"

为了加深沪滇两地情谊，每年一心公益还会举办"书画梦想"沪滇两地学生书画公益展。今年画展的主题是抗击新冠肺炎疫情，有的学生画了钟南山院士，有的作品取名"山川异域，风月同天"。"2020年，突如其来的疫情打扰了我们的生活。我和小伙伴不能去学校上学，很多白衣天使奔赴抗疫前线。我画这幅画，是想向他们致敬。""疫情打乱了我们前行的脚步，除夕本是万家团圆的日子，但为了抗击新冠肺炎疫请，大量医护人员主动请缨，走上一线。他们逆向而行的身影让人泪目，他们是最可爱的人。我想通过自己的画笔，向'最美逆行者'致敬，感谢他们的温暖守候，感谢他们用实际行动给我们上了人生中最重要的一课！"

米晓军翻阅着孩子们的作品集，十分感慨。"虽然小孩子的内心世界非常简单，但他们的创造力十足。那些用言语无法表达的情感，都一笔一笔流露在画里了。"作品集中有一副画是玫瑰和鱼，小朋友在创作感想里写道：妈妈告诉我，云南和上海是兄弟城市。比如上海的老师们会给云南的小朋友们上课，上海的医生们会去云南给当地的人看病……一代又一代，情谊深长。我想，能够帮助别人，是一件很快乐的事。就像赠人玫瑰，手有余香……

作者：杨欢　刊发日期：2020/11/4

▌案例点评 ▌

这些天，随上海"一心公益"去云南大理参加"书画梦想班"开班活动，很有感想。近些年，国家对西部乡村的教育设施做了相当大的投入，普遍校貌大为改观。参与过乡村助学的公益人一定有切实感受。其次，我国互联网应用的广泛普及，正在加速缩小教育领域的城乡差距。

其实这两个巨大变化，已经悄悄地为加快推进西部乡村的艺术教育创造了极大的发展空间。毕竟艺术教育将直接影响到下一代的审美观，乃至人生价值观。

上海"一心公益"是有远见的，三年一心，致力于云南山区学校艺术教育的扎根工作。目前，在大理白族自治州8个县，"一心公益"已开设了64个美术班，平均每县8个班。他们正在构建规模建设，稳扎稳打方兴未艾！我似乎觉得，"一心公益"在公益领域拓展着一项"朝阳产业"。从宏观上说他们迈出的仅仅是一小步，却迎合了国内发展大势的必然需求。

慈善杂志原总编　贺思聪

▌机构简介 ▌

上海一心公益发展中心于 2017 年，由上海实验东校家委会公益部发起成立，家委会全体成员参与。这是全国第一家由学校家委会成员发起的公益组织，专注于学生素养学习的公益活动。

成立第二年确立定向支援云南山区贫困和留守儿童参加美术课程的"书画梦想"项目。2018 年 3 月获批成为上海市公益基地。在上海宋庆龄基金会、上海市华侨事业发展基金会均设立了专项基金。

我们的使命

专注素养教育，助力学生全面发展，促进教育资源均衡，用公益推动教育进步与发展。

我们的愿景

帮助孩子成为有尊严、有创造力、有责任感、面向未来的孩子。

我们的价值观

所有的孩子，都值得拥有最好的素养教育。

我们正在做什么

秉承"一善染心，心向公益"的初衷，帮助更多的孩子成为有责任感、有创造力和面向未来的人，我们通过整合各类社会资源，面向全社会开展以孩子素养培养体系为目标的各类公益活动。

书画梦想项目介绍

"书画梦想"公益项目是由上海浦东一心公益发展中心于2017年成立的慈善公益教育项目。该项目意在长期帮助贫困山区及留守儿童获得高质量的美术素养教育。一心通过整合上海专业师资力量、爱心企业和热心家长团队，提高边远山区教师执教业务水平和职业素养，关爱山区和留守儿童的学习生活，让他们在资源缺乏的现实情况下，幼小的童心得到应有的关怀，培养留守儿童的学习兴趣，启发他们的想象力和对未来的向往，心理更加阳光，行为端正，成为一个独立、自强、自信的人，通过关爱和陪伴提高孩子们的艺术修养和行为思考能力，促进身心健康成长。

项目以山区贫困及留守儿童为对象，以美术教师培训为切入点，坚持以"培养心理健康、拥有创造力的孩子"为出发点和具体目标，用"关爱老师心理、关爱孩子心理、关爱孩子生活"为内容，全方位帮助贫困和留守儿童拥有高质量的素养教育。

上海普瑞公益基金会

点亮明眸：为更多孩子带去光明与希望

前不久，迪丽热巴·来买提的白内障切除了，拍组拉·萨迪尔的双眼能同时看世界了。这源于上海普瑞公益基金会"点亮明眸"公益项目。一年多来，该公益项目已惠及新疆巴楚县、云南永仁县等上海对口支援地区的 2500 多名中小学生。未来，该公益项目还将在更大范围内持续下去。

白内障孩子"喜从天降"

迪丽热巴·来买提是一个 6 岁的新疆小女孩。由于视力不好，她老是眯着眼睛，走路常常摔跤，写作业常常错行。两年前，她的双眼被当地小诊所诊断为"散光"。今年 5 月，经当地一家大一点的医院检查，才发现是白内障！

检查结果令迪丽热巴·来买提父母难以置信。想着孩子刚开启的童年和无限可能的未来，他们惊恐、焦虑，迫切希望女儿的眼睛能够快点好起来。然而，想想贫穷的家境，他们相对无言，黯然神伤。

拍组拉·萨迪尔也生活在新疆。他比迪丽热巴·来买提大，已经上学，成绩优秀。但是，成绩优秀的背后，他却备受眼震困扰——由于眼震，他看东西时视线模糊。为了学习，他不得不付出比同龄人更

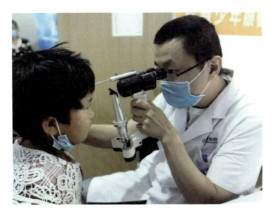

小儿眼病医生杨胜为孩子做检查

多的时间和更大的努力去看书写字。

　　"喜从天降"的是，他们遇到了"点亮明眸"公益项目。

　　前不久，当该公益项目的志愿者突然出现在他们面前时，他们虽然难以看清志愿者的容貌，但一听完志愿者介绍，就异常兴奋，"我想把眼睛治好""我做梦都想清清楚楚地看世界"……在他们看来，"点亮明眸"公益项目，是他们的"光明天使"。

　　对迪丽热巴·来买提的手术，在乌鲁木齐普瑞眼科医院进行。得知手术期间正是迪丽热巴·来买提的生日之际后，医院还为她做了一个生日蛋糕，开了一个生日Party。"没想到，真没想到，我们全家人心愿实现的同时，还有意外的惊喜。"手术成功后，迪丽热巴·来买提父母紧紧握住医院工作人员的手，眼眶再一次湿润了。

　　而综合考虑医疗设备运输等种种现实情况后，对拍组拉·萨迪尔的手术放在山东亮康眼科医院进行。上海普瑞公益基金会、新疆当地教育部门和公益组织，联合将拍组拉·萨迪尔接到了山东。"视力变清晰了，看人比之前清楚了，我的眼睛……也正了，很开心。"术后一睁眼，拍组拉·萨迪尔就用略显生涩的普通话说出了自己的真实感受，眼神自信而阳光。

斜视孩子被"点亮明眸"

在新疆喀什，受惠于"点亮明眸"的，还有一些眼睛斜视的贫苦孩子。

开丽比努尔·艾海提和安塞尔·阿卜来海提是一对姐弟，他们的父亲因意外无法照顾家庭，他们的母亲，既要操持家务还要外出打零工。为了减轻家里的负担，即使是"秋老虎"发威的季节，姐弟俩每天也要帮忙采摘 70 多公斤的棉花，细嫩小手被棉花包上的尖刺刺得血花点点……更让他们不安的是，由于眼睛斜视，即使坐在教室第二排，还是看不清黑板上的字，为了努力跟上老师的教学节奏，他们常常只得借同桌笔记抄知识点。

去年 9 月，"点亮明眸"公益项目志愿者发现了他们，给他们免费提供了斜视手术救助，术后恢复情况良好。第一次清晰地看到外面的世界，他们说，要学得更好，要走得更远，要去感受《草原》课文中辽阔而壮美的风景……

9 岁的亚合亚·吐尔逊和 6 岁的迪丽尼格尔·吐尔，是一对兄妹，也双双眼睛斜视。由于斜视，他们快跑时常常摔跤，常被其他小朋友嘲笑得一把鼻涕一把泪。他们父母原来计划在 2017 年就带他们去医治。然而，天有不测风云，他们的妈妈 2017 年突患脑瘤。治疗过程中，家里除了变卖牛、羊等值钱东西外，还欠下了不少外债。

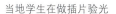

当地学生在做插片验光　　　　　开丽比努尔、安塞尔姐弟拥有了人生第一副近视眼镜

"如果有一天自己不在了，两个孩子到底该怎么办呀？"病床上，他们的妈妈不无牵挂，但是，两个孩子被"点亮明眸"纳入公益项目救助名单后，全家人又看到了新的希望。

比他们更幸运的是，同样眼睛斜视的麦迪娜依·艾尼，4 岁时就被"点亮明眸"公益项目发现并得到了治疗。"多亏了这个项目。"麦迪娜依·艾尼爸爸说，家里穷，全家的收入只有他在外打零工所得，如果没有这个公益项目，小孩的眼睛还不知要拖到什么时候才能治疗。

惠及 2500 人不是终点

眼睛是心灵的窗户。除了为白内障、斜视等症状的青少年免费提供治疗外，"点亮明眸"公益项目也特别关注青少年的近视情况。

这个公益项目于 2019 年发起，由上海普瑞公益基金会联合普瑞眼科医院共同执行，得到了爱心企事业单位、其他公益组织的协作支持。

在国家全面打响儿童青少年视力保卫战，坚决打赢精准扶贫脱贫攻坚战，以及做好上海市对口支援新疆喀什的健康扶贫工作的大背景下，从2019年到2020年，上海普瑞公益基金会派遣对口帮扶医疗队，先后前往新疆巴楚县、云南永仁县等上海对口支援地区"点亮明眸"，助力当地儿童青少年近视防控工作。至今，"点亮明眸"公益项目已为2500多名中小学生免费进行了眼健康检查，资助验配眼镜584副，疑难眼病手术援助20台。

"一次公益救助，改变的不仅是孩子的眼位和视力，更是在他们心中种下真善美的种子，对他们的一生有着深刻的影响。"上海普瑞公益基金会方面透露，未来，"点亮明眸"公益项目还将在新疆克拉玛依、重庆万州、西藏日喀则等地持续展开，以进一步整合优质的公益资源和医疗资源，用光明和爱化解更多孩子生命中的缺憾。

作者：罗水元　刊发日期：2020/09/02

▌案例点评▌

机构的价值和意义

上海普瑞公益基金会积极践行国家健康扶贫、精准扶贫的政策方针，聚焦眼健康问题，在防盲治盲、眼病义诊、眼健康教育等公益事业发挥重要作用。他们不但为贫困地区家庭提供了真正免费、精准、适宜、优质的眼科医疗服务，帮助贫困患者减轻就医负担，恢复健康、重见光明、摆脱贫困，更带动一批社会公益组织、社会企业，个人志愿者，用公益的力量促进我国眼科水平的协调发展，共筑人民群众的美好健康生活。

对机构工作模式、扶贫成效的评价

基金会依托于发起方的眼科专业优势，积极与 NGO、政府组织展开合作，先后与贵州省妇女儿童发展基金会、上海依视路视力健康基金会等公益合作伙伴一起在云南、新疆、山东等多个省份开展公益项目。其中 2018-2019 年开展的明眸新视代青少年近视防控公益行动眼健康检查累计覆盖 126708 名中小学生，公益配镜 18304 副，开展眼健康讲座 203 场。

基金会积极参与上海市对口支援地区的健康扶贫工作，2019 年，点亮明眸关爱青少年眼健康公益行动走进新疆、云南，为这里近 2500 多名孩子进行了眼健康检查，资助验配眼镜 584 副，眼科手术近 20 台。2020 年，再次参与上海对口支援西藏日喀则江孜县中小学视力筛查、宣教与矫正项目。

重点聚焦于一老一小的持续公益活动，不仅仅为受助者带来了清晰的视力，提高了他们的眼健康意识，帮助他们改善了生活，提高了学习成绩，更重要的是降低了因为视力问题带来的社会经济成本，为国家的健康扶贫、精准扶贫做出了积极贡献。

中华医学会眼科学分会眼视光学组委员

国家科学技术奖励评审专家 李志敏教授

▍机构简介▍

上海普瑞公益基金会（以下简称"基金会"）是经上海市民政局批准成立的慈善组织，由上海普瑞眼科医院发起成立，基金会专注于眼健康领域的公益慈善活动，促进眼健康公益慈善事业的发展。基金会主要面向贫困人群开展眼病治疗、眼健康相关的知识普及等公益慈善项目。

基金会设立理事会与监事会，共有 7 名理事成员。理事会是基金会的决策机构，由理事长召集并主持的定期理事会会议，对基金会战略规划、年度计划、预算等重大事项进行审议和审批；监事会主要行使监督权，依照章程规定的程序检查基金会财务和会计资料，负责每年邀请专业机构对基金会进行审计，并出具年度审计报告，监督理事会遵守法律和章程的情况；理事会下面设立秘书处，由秘书长、项目部、行政人事部、财务部构成，对理事会汇报，负责基金会项目的执行和质量监控。

基金会主要的资金来源于企业捐赠，专注于眼健康领域的公益活动资助和支持，按照设立的章程，引进公益基金会运作领域的专业人才进行管理，联合多家公益组织、社会企业、医疗志愿者、社区公益志愿者，拓展出眼病义诊、眼健康教育、医疗救助、扶贫助捐多种眼科领域的扶贫模式。

基金会成立后，先后设立了"明眸计划"、"守护光明"、"光明天使志愿者计划"等长期项目，先后与贵州省妇女儿童发展基金会、上海依视路视力健康基金会等公益合作伙伴一起在云南、新疆、山东等多个省份开展公益项目。其中 2018-2019 年开展的明眸新视代青少年近视防控公益行动眼健康检查累计覆盖 126708 名中小学生，公益配镜 18304 副，开展眼健康讲座 203 场。2018 年与石林彝族自治县慈善协会合作开展光明工程慈善专项工程，为数百名老人提供了免费的白内障手术，帮助他们重见光明。

　　基金会积极参与上海市对口支援地区的健康扶贫工作，2019年，点亮明眸关爱青少年眼健康公益行动走进新疆、云南，为这里近2500多名孩子进行了眼健康检查，资助验配眼镜584副，眼科手术近20台。2020年，再次参与上海对口支援西藏日喀则江孜县中小学视力筛查、宣教与矫正项目，为这里的孩子们带来清晰的视力。

　　清晰视界，美好人生！愿我们的点滴努力为这些需要帮助的人们带来光明与美好！

上海青年志愿者协会

电脑教室：孩子们
打开通往未来的一扇窗

"你看这张照片，你知道这么热的天，这些孩子为什么会穿着棉衣吗？"上海青年志愿者协会"携程·志汇护航　梦想教室"项目负责人李斌解释，照片拍摄于 2018 年 8 月 28 日，地点在云南文山市夹马石小学。李斌正在给孩子们发糖，那天他去学校进行项目踩点，孩子们的热情比炎热的天气还高涨，"他们是把最干净的衣服穿了出来迎接客人啊。"

孩子们的真诚和条件的艰苦形成的巨大反差深深地刺痛着他的内心，他励志要为扶贫尽一份力。虽然由于条件局限，"梦想教室"项目当年未能在夹马石小学落地，但这些年来他一直在用心做这个项目。

"梦想教室"：扶贫先扶志
已服务 8000 名学生和 600 多名乡村老师

李斌所在的上海青年志愿者协会此前多方实地考察和调研发现，在中国很多乡村地区和城乡结合部，校舍、桌椅或许已经整修甚至焕然一新，但其它教育教学设施可能依然简陋和短缺，大多数孩子很少有机会接触电脑等现代化学习、通讯工具。他们渴望利用电脑学习更

志愿者在青海果
洛的梦想教室给
小朋友们上课

多知识，他们渴望通过网络了解大千世界、走进古今中外。

　　2018 年上海青年志愿者协会联合携程公益等爱心社会企业及组织
共同推出"梦想教室"公益活动，发动社会各界捐出闲置的电脑和周
边电子设备，经过专业规范再生后，根据云南、新疆、西藏、贵州、
青海等地的上海对口支援地区提出的帮扶需求，援建乡村学校的电脑
教室。第一年就建了 18 间教室。

　　李斌介绍，第一年把点都布下去了，效果非常好，一个教室框在
30 台笔记本电脑，然后委托了教育机构，在电脑上加装课件，并且为
每个学生都发放一张免费上网卡，上网卡通过卡号和密码可以进入一
个课件库，光云南文山州就发放了近 1 万张卡。课程包括：如何安全

志愿者在沧源的梦
想教室手把手教小
朋友用电脑

上网、如何防止网络欺凌、如何防止网络诈骗，还有名画赏析、音乐鉴赏、诗词赏析、世界名著选读等艺术人文类课程。"梦想教室"让学生们有了一把打开知识宝库的钥匙，"从小让孩子们扶智长志，从发展教育事业入手，尝试大山里的孩子能享有的现代化教育和上海的先进教育理念，激励山村孩子们有梦追梦圆梦，在伟大'中国梦'实现的道路上不掉队——这是我们的目标。"

两年来，上海青年志愿者为22所学校建立"梦想教室"，近8000名学生和600多名乡村老师享受到了教育及配套服务。今年还将计划建立6间教室。

志愿者：为孩子们保驾护航
道路塌方、泥石流、地震等都经历过了

项目的开展离不开许多上海志愿者的付出。他们冒着道路塌方和泥石流滚落的危险在陡峭的山路艰难前行；在西藏、青海等高海拔地

区，忍受着缺氧环境和高原反应配送安装设备；在地震的摇摇晃晃中坚定着信念……志愿者们从容无畏的精神，为贫困边远地区和大山里的孩子们送去梦想和希望。他们以能参与志愿公益事业为时尚，在扶贫过程中展现了上海青年的担当。

志愿者张伊泠从这个项目开始就一直参与其中。她的第一次公益之行令她至今印象深刻。2018 年 7 月 22 日一早，张伊泠等一行志愿者的车从云南沧源县出发，前往班老乡下班老村的下班老小学。那是她平生第一次看见泥石流，车子缓慢地向前开着，透过车窗，只见前面山坡上，不停地有泥水、石块沿着山坡冲下来，他们只能停车等待。一段时间后，车子才能通过，经过了一路颠簸，终于到达下班老小学。学校没有围墙，门口甚至没有地方标明名称，操场上一些孩子因为没有鞋穿只能赤着脚跑跳。

当孩子们知道他们有了一间全新的电脑教室，甭提多开心了。当天下午学校正式举行"梦想教室"落地仪式，然后志愿者准备给孩子们用电脑上一节别开生面的班会课。有些胆大的男生一坐下就迫不及待地触摸电脑。开始上课时，志愿者提问互动，下面同学有些怕生，不敢举手。等看到志愿者点人回答问题后，无论对错都有小奖品鼓励时，孩子们渐渐放心，开始踊跃举手回答问题。因为知道小朋友们是第一次接触电脑，所以志愿者打算教他们在 word 上打出自己的名字。由于他们不会操作，选择手把手教导。

"有些害羞的女生最开始有些抵触，在我们将手放在她们手上，带着她们使用鼠标时，会把手缩回去。但慢慢地熟悉后，她们也就比较能接受这种方式，让我们帮助她们。在看到电脑上出现自己名字时，孩子们有些会惊呼出声，特别惊喜。这时，对我们来说，能帮到这些山区的小朋友，再苦再累都是值得的。"张伊泠说。

在返程的路上，由于来时的路发生了山体滑坡，路基被破坏，只能选择绕路，走山里的老路，没有路灯，车子在坑坑洼洼的山路上不断颠簸，原本两个半小时的车程，因此延长到6个小时。有些志愿者出现晕车，尽管身体不适，但他们还是选择坚持，将志愿服务做到最好。

除了道路塌方、泥石流，志愿活动中遇到的地震也让张伊泠心有余悸。2019年11月21日，受老挝北部6.4级地震影响，云南也震感明显，项目团队在普洱江城的宾馆感觉到大楼摇晃，比较庆幸的是持续时间不长，没有很大影响，于是志愿者们选择继续按照原定计划，前往江城县国庆乡新寨小学。

张伊泠在第二天的朋友圈写道："梦想教室2019最后一站达成！

李斌在云南文山市夹马石小学门口给孩子们发糖

我们上海青年志愿者们一起搭建了电脑教室，希望他们可以通过小小的电脑，看到大大的世界，虽然每次停留的时间都很短暂，但我们在那里播下了希望和梦想的种子，期待来日可以生根发芽、开花结果。"

作者：屠瑜　刊发日期：2020/11/2

▌案例点评▐

"携程·志汇护航梦想教室"扶贫项目，在精准扶贫公益行动中，重点突出扶贫、扶志和造血理念，公益项目从长远目光切入，着重于教育和环保领域的绿色扶贫，注重可持续发展理念。在扶贫攻坚战中，整个项目考虑的是从输血向造血功能扶贫方式转变，从孩子教育开始，这些教室是属于孩子们的梦想教室，从小为山里孩子打好基础教育，有利于孩子健康成长，今后考上大学，开启山里孩子人生新的旅程，彻底摆脱他们父辈贫困命运。

该项目总牵头人上海市青年志愿者协会李斌副秘书长，做足功课，把有限资源合理配置到上海对口援建的贫困地区，为2020年脱贫攻坚作出了贡献。从2018年开始把点实施，效果非常好，科学合理测算出一个教室框在30台笔记本电脑，然后委托了教育机构，在电脑上加装课件，并且为每个学生都发放一张免费上网卡，上网卡通过卡号和密码可以进入一个课件库，光云南文山州就发放了近1万张卡。课程包括：如何安全上网、如何防止网络欺凌、如何防止网络诈骗，还有名画赏析、音乐鉴赏、诗词赏析、世界名著选读等艺术人文类课程。

"梦想教室"让学生们有了一把打开知识宝库的钥匙，"从小让孩子们扶智长志，从发展教育事业入手，尝试大山里的孩子能享有的现代化教育和上海的先进教育理念，激励山村孩子们有梦追梦圆梦，在伟大'中国梦'实现的道路上不掉队——这是我们的目标。"

扶贫必扶智，让贫困地区的孩子接受良好的教育，是扶贫开发的重要任务，也是阻断贫困代际传递的重要途径。达到了"小电脑看大世界"援建的目标，携程将继续不遗余力地将公益事业进行到底。

马速成 携程集团党委副书记

▌机构简介▐

上海青年志愿者协会是由志愿从事社会公益与社会服务事业的各界青年和青年组织组成的全市性社会团体。以奉行"奉献、友爱、互助、进步"的志愿者精神为准则，以"快乐志愿，随手公益"为核心理念，以"制度化、国际化、社会化"为发展方向。

赛会服务，展现上海青年的优良形象

协会在上海市委、市政府的委托下，为八运会、上海特奥会、北京奥运会、上海世博会、亚信峰会和进博会等近百项大型体育赛事、重大国际会议、文化艺术和商贸交流活动提供各类志愿服务。"小白菜"、"小叶子"把上海青年志愿服务精神带到世界各地。

民生服务，关注和对接社区民生需求

以社区志愿服务为重点，积极开展经常性的各类活动。一是开展多种类志愿者服务。先后动员2000余支青年志愿者队伍走进社区，开展环保、医疗、法律援助、心理辅导、专业技能、家庭事务、关爱

特殊人士和传播文明风尚等八类志愿服务。二是探索为老服务志愿者项目。为老志愿服务"金晖行动"，是开展动员社会力量共同参与养老公共服务的积极探索，全市 16 个区已经全部成立了 210 家青年志愿服务团队。

扶贫援外，在特色项目中打造上海青年志愿者名片

在邻里守望中塑造城市的精神品格，在世界各地打造上海青年志愿者这张最美名片。一是贯彻市委、市政府和团中央的工作部署，落实"扶贫援外"。协会选派青年志愿者远赴祖国中西部贫困地区，开展上海市大学生志愿服务西部计划、研究生支教团、上海赴滇、赴遵志愿服务接力计划等服务项目。二是对口扶贫体现上海志愿者形象。上海青年志愿者勇于挑战自我，从容无畏，完成扶贫援外工作，展现了上海青年的担当。三是弘扬上海青年志愿者形象。打造上海青年志愿者的中国形象，协会荣获"中国 2010 年上海世博会先进集体"、"最佳志愿服务组织"等称号。协会实施中国（上海）青年志愿者赴老挝服务项目，习总书记称赞志愿者们是"给中国青年争光添彩"，"为中老两国友谊做出了巨大的贡献"。四是筑起青春战"疫"坚实防线。2020 年初面对全球新冠肺炎疫情，全市有超过 12.8 万名青年志愿者活跃在道口监测、社区排查、生产支援、线上辅导等战"疫"岗位。

上海市青少年发展基金会

精准助学：大力帮助建档立卡家庭学生

艰苦的客观条件，不该成为孩子们汲取知识，学习技能的障碍。然而部分边远地区，一群群渴望学习的孩子们，却曾经因为种种原因，没能走进向往的课堂。好在，中国青少年发展基金会了解相关情况后，通过建档立卡、希望工程捐助及城市对口支援等多种模式，为孩子们解决困难，创造更好的学习条件和环境，帮助他们更好地徜徉在知识的海洋里。

自 2018 年起，为贯彻打赢脱贫攻坚战三年行动决策部署，围绕团的十八大确定的目标任务，扎实推进共青团投身脱贫攻坚，实施希望工程，共青团中央、中国青少年发展基金会便提出为 10 万名建档立卡家庭的学生顺利完成学业提供资助。"我们的目标是到今年底，能向建档立卡家庭的 10 万名学生提供希望工程资助。实施建档立卡省份的省级青基会自筹捐款累计资助建档立卡家庭的学生数不低于 2000 名。"中国青少年发展基金会相关人士表示，"同时，我们还计划做到让未实施建档立卡省份的省级青基会，向对口支援省份资助建档立卡学生，人数不低于 1000 名。中国青少年发展基金会累计资助建档立卡家庭的学生数不低于 50000 名。"而在完成上述任务后，基金会还将鼓励向非建档立卡家庭困难学生提供资助。

朗朗读书声

作为未实施建档立卡的省份，自 2018 年实施 10 万＋资助项目后，上海青基会就把项目实施落实到云南、贵州遵义和青海果洛等上海对口帮扶地区。"第一次和相关地区的基金会对接时，我们就感受到了项目的必要性和紧迫性。"负责联络协调相关事务的同志，能够迫切感受到孩子们对学习的渴望。

"当地的同事们都说孩子们真的很渴望校园，喜欢知识，也非常努力，经常大清早就能听到读书声。"据基金会工作人员回忆，有一次当地基金会的同事到学校走访调研，刚走进教学楼，便能听到整齐划一背诵唐诗的声音。"每一声都透着纯净和活力，包含着对未来的希望。"等到课间休息时，工作人员悄悄来到窗前，观察着孩子们的动态。在那算不上大的空间里，他们或三五成群，指着课本讨论着什么；或拿出几张白纸，画下对未来的美好期望。"老实说，当地的客观条件真的很艰苦，仅有的一些文具用品，都得分着用，但孩子们从不抱怨，毅力十足，吸收新知识的速度也超出想象。"用工作人员的话来说，在翻开书本，尽情朗读的那一刻，这些孩子眼里散发出的光芒，就是这个条件艰苦的地区未来的希望。收到调研结果和反馈，基金会决定，加快项目进度，尽最大可能帮助更多孩子。

一张张笑脸

确定计划，基金会方面便开始着手实施，项目也得到了各界的鼎力支持。一笔笔资金、一箱箱学习用品纷至沓来，尽管从上海运往偏远地区的路途遥远，外在条件也十分有限，但项目依然得到了运输企业的支持，"不论刮风下雨，也不论运送难度多大，每一批资金和物资，总能按时送到当地，这非常不容易，也很让人感动。"正如基金会办公室相关人员所言："战胜困难的过程，必定充满荆棘，但当所有人都真心付出，贡献自己的力量时，一切难题都会迎刃而解，这也充分展示了如今的社会，依然被热心与爱心填满。"

"项目启动至今，我们收到了许多积极的反馈，这非常让人开心。"上海青基会向笔者展示了几张孩子们向基金会表达感谢的照片，画面中的孩子们笑得淳朴又开心，教室的公告栏上，还贴着他们精心制作的心型贴纸。"项目开始落地后，学生们的条件有了一定的改善，物资不再紧缺。如今，在当地学校任教的老师们常常在微信和邮件里感慨，走廊和教室里有了越来越多的欢笑，教学的方式更加多样，学生们的兴趣自然也被进一步调动起来。"看着孩子们努力读书，享受每一天在校时光的样子，就觉得我们之前的付出都是值得的。"

今年是决胜全面建成小康社会、决战脱贫攻坚之年。4月21日，共青团中央书记处召开专题协调会议，要求进一步提高政治站位，切实服务贫困地区青少年需求，认真贯彻习近平总书记对希望工程实施30周年寄语精神，深入落实团中央书记处工作部署，坚持精准帮扶、雪中送炭，进一步做好上海希望工程助力脱贫攻坚工作，为决战脱贫攻坚作出更大贡献。而在取得阶段性成果后，基金会将再接再厉，进一步扩大资助范围。目前，已落实云南会泽县、广南县、文昌县，新疆喀什叶城县、莎车县建档立卡帮困家庭待资助学生名单，并完成信息录入，即将开始发放助学金。

上海青基会表示，教育是关系民族前途和未来的"百年计划"，也是寄托着亿万家庭对美好生活期盼的民生工程，助学项目聚焦"精

部分受捐助学生合影

准扶贫，精准助学"，旨在帮助更多困难家庭学生安心学习，减轻家庭经济负担，更会始终把人民群众对更加公平、更有质量的教育需求作为奋斗目标。

作者：陆玮鑫 刊发日期：2020/11/3

▌案例点评 ▌

习近平总书记曾指出，"扶贫必扶智。让贫困地区的孩子们接受良好教育，是扶贫开发的重要任务，也是阻断贫困代际传递的重要途径。"因此，帮助贫困地区、贫困家庭的孩子接受好的教育，既是精准扶贫的重要内容，也是聚焦青少年教育，提高全民教育水平的题中之义。为了实现这一目标，上海市青少年发展基金会采用"建档立卡"

的方法。"建档立卡"的背后，体现了扶贫工作的精准原则，贯彻了党和国家"以人民为中心"的理念，追求的是扶贫工作中"一个都不能少"的工作目标。正是在此基础上，上海市青少年发展基金会将"建档立卡"与"对口帮扶"工作结合起来，将项目落实到云南、贵州遵义和青海果洛等地区，进一步扩大了教育扶贫的受益面，为助力脱贫攻坚工作，决战脱贫攻坚作出了更大贡献。

李威利　复旦大学马克思主义学院副教授

复旦大学党建理论研究基地执行主任

▌机构简介▐

上海市青少年发展基金会成立于 1994 年 10 月，外设上海市希望工程办公室、上海市爱心助学办公室。主要工作是遵照市委、市政府关于"上海服务全国"的要求，通过实施希望工程，动员社会力量、依靠社会力量捐资，发挥共青团的政治优势和组织优势，在国家级贫困地区、革命老区、对口帮扶地区援建希望小学、培训希望小学教师、援建留守儿童希望之家、援建青少年红色文化基地、青少年足球场等，救助困难学生，关注、关爱青少年健康成长，推动教育事业发展。积极支持和宣传各条战线上涌现出来的先进典型，弘扬社会正能量。

近年来，上海青少年发展基金会先后组织"百万志愿者献爱心"、"百万母亲献爱心"、"百万企业捐百万元"、"百万党团员捐百校"、"百万团员、百名青年企业家帮困助学大行动"等活动，筹资近 9 亿元，为全国援建希望小学超过 2000 所，免费培训希望小学教师 20000 余名、援建红军小学 100 余所，帮助困难学生逾 19 万人次。

上海青少年发展基金会在全国抗洪救灾、抗击非典、抗雪救灾、

春晖小学捐助纪念贴纸

抗震救灾及新冠肺炎疫情防控中，均第一时间伸出援助之手，支持灾区人民。2009 年曾受到中共中央台办、国家广电总局、中共上海市委办公厅高度赞扬。

上海青少年发展基金会曾先后荣获 1999 年度（爱心助学）、2000 年度（西部万名教师培训）、2005 年度（党团员援建百校）、2006 年度（圆梦大学行动）、2007 年度（在长征路上建红军小学）、2010 年度（新疆喀什地区援建卫生室）上海市社会主义精神文明十佳好人好事；2001 年、2005 年、2006 年被评为对口支援先进集体；2004 年被民政部授予"全国先进民间组织"称号；2007 年被授予"全国各族青年团结进步奖"；2009 年被评为"上海慈善奖"、"5 A 级基金会"；2011 年被中共上海市委、市政府评为"上海市对口支援都江堰市灾后重建突出贡献集体"；2012 年被评为"上海市先进社会组织"，受到各兄弟省市高度评价。

上海仁德基金会

关爱留守女童：
构建 3 个 "1" 生理期关怀

　　留守女童作为我国近年来备受关注的一个特殊群体，其成长过程中存在的问题不断暴露出来。她们大多生活在偏远贫困地区，在缺少亲人支持、健康常识以及心理准备下，常常不知道该如何正确处理"生理期的烦恼"：因为家庭贫困与当地卫生条件的限制，粗布条、脏棉絮，甚至是硬纸，都成为她们应对生理期的方法。初遇一系列生理反应，她们焦虑、内向、不自信。由于缺少健康的生理呵护和心理支持，所有青春期的困惑、那么多的"难以启齿"与那么多的"危机"都需要自己独立面对，滋生心理问题比例比较高。

　　2017 年开始，上海仁德基金会发起了"春柳计划"公益项目，旨在给留守女童提供生理期关怀。起名"春柳"，也是寓意女童如春柳般羞涩娇弱，缺少面对生理及身体变化的勇气，但终究也会茁壮成长。据上海仁德基金会秘书长王宛馨介绍，项目起初是给偏远地区的留守女童普及性知识，但在项目实施和调研过程中，他们发现，10-16 岁的留守女童的分布比例较高，其中，六至九年级的留守女童正值青春期，遇到的困扰比低年级高出很多，处于 10-16 岁的留守女童面临的生理期烦恼是最高的，特别是生理和情绪问题。另外，不同年龄阶段

志愿者给留守女童
发放春柳卫生包

的留守女童对想要了解的性知识也是不同的，其中超半数处于 10-16 岁的留守女童期望了解"认识自己的身体及识别和防护性侵犯的方法"等方面的内容。

对留守女童开展 3 个 "1" 生理期关怀

王宛馨表示，2020 年 -2021 年，"春柳计划"项目拟针对青春期留守女童，在以上海市对口援助地区为主的中西部地区开展 3 个 "1" 的生理期关怀，即 1 套 "春柳卫生包"，为留守女童提供生理期系列卫生巾以及内裤、毛巾等，给她们创造一份白天的"呵护"，夜晚的"陪伴"，让其健康度过生理期；1 节春柳课堂，内容涉及性教育、生理期常识教育和卫生健康知识教育等。在服务的学校，根据项目活动的要求，从生理期以及女童梦想入手，为她们提供一节生动而又丰富的课堂；1 套春柳关爱陪伴，针对留守女童缺少父母陪伴的问题，志愿者将开展持续性的关怀活动，通过定期的游戏互动、成长助力、心灵

春柳课堂

疏导、"春柳热线"等形式，为她们提供温馨的陪伴。通过这些卫生物资发放与陪伴教育，为这些地区的留守女童创造一片健康的、多层呵护的成长空间，助力生理期留守女童健康成长。

由于疫情的影响，原计划今年年初进行项目执行，未能如期成行。王宛馨说，不过，上海仁德基金会安排了4场"保护女童"线上公益直播，邀请到了多位性教育、生命教育专家，一起探讨"什么样的环境对留守女童的生长是有帮助的，女童在面对青春期问题时要关注哪些重点"等问题。

由于"散装卫生巾"登上热搜，有网友在微博上推荐了一些包含"春柳"在内的关怀留守女童生理期的公益项目，因此，"春柳"项目近期得到了爱心网友累计近45万元的捐款，将在9月份启动调研，计划为包含上海对口援助地区的学校超过2000名女童（预计）提供卫生包，健康课堂和志愿者陪伴活动。

另外，项目也申请到了本市对口支援与合作交流专项资金14.6

万元，将用于新疆喀什地区和西藏日喀则市 500 名留守女童的卫生包、健康课堂和志愿陪伴项目。

有效提高留守女童性观念和自我保护意识

据介绍，2017 年至 2019 年，"春柳计划"项目共筹款 40 余万元，累计为四川泸州、陕西汉中以及宁夏银川等地的留守女童提供了近 1300 份爱心包和青春期健康读本，确保这些女童在生理期能够得到物资支持，避免她们出现生理期感染问题。其中，有近 4000 名留守女童参与了春柳课堂的学习，有效提高了她们的性观念和自我保护意识，避免她们受到性侵等伤害，同时陪伴活动减少了她们的孤独、自卑等负面情绪，帮助她们更好地面对生活和学习。

作者：赵菊玲 刊发日期：2020/11/9

▌案例点评▐

在我国快速的城镇化进程中，人口从农村到城市的流动催生出规模庞大的农村留守儿童。"六普"数据显示，2010 年中国农村留守儿童规模超过 6100 万人，其中留守女童规模超过 3100 万。她们当中，有相当数量的女孩已迎来了初潮，会有规律地经历生理期。但"留守"的处境，可能会使她们生理期卫生知识储备缺失、必备的卫生用品匮乏、缺少女性亲人的情感陪伴、更容易受"月经羞耻"文化的影响。这会进一步影响她们的生理和心理健康。

上海仁德基金会发起"留守女童春柳计划"公益项目，正是通过构建 3 个 "1" 的生理期关怀，助力山区留守女孩生理期的身心灵健康。

其中，1套"春柳卫生包"可以满足这些女孩1年的卫生巾需求；1节"春柳课堂"为她们提供每月2次的课程，帮助她们克服传统文化中认为月经是污秽的"月经羞耻"，从而树立正确的两性生理观、性别观，并传授正确的卫生健康知识；1套"春柳关爱陪伴"，则通过志愿者持续性的关怀活动，弥补她们缺少亲人陪伴所造成的缺憾。

如果说1年期的"春柳卫生包"的供应，是物质层面的、有期限的，但"春柳课堂"和"春柳关爱陪伴"的效果却是观念层面的、可持续

留守女童积极
参与春柳课堂

性的。事实表明，在"重男轻女"和"月经不洁"等传统观念的影响下，留守女孩容易被忽视、甚至成为各种侵害的对象。"春柳课堂"和"春柳关爱陪伴"将使她们感觉到被关怀，教会她们不轻视自己、学习保护自己，成长为一株并不为自己的女性身份和生理期感觉羞耻的、傲人的春柳。同时，"课堂"和"陪伴"项目也会帮助在当地培养一批具备帮助女童资质的志愿者，从而从根本上改善当地的知识环境和观念环境。今天的女童，明天的栋梁，"留守女童春柳计划"将助力留守女童成长为独立自信的女性。

华东理工大学社会学系系主任、教授 黄玉琴

上海仁德基金会

营养一餐：让偏远地区的孩子
每顿都能吃上肉

9 月，步入开学季。贫困地区的学校，也准时迎来了背着书包的孩子们。

在青海果洛州，早自习下课后，孩子们纷纷走进食堂。热腾腾的饭菜已经准备好，香气扑面而来。孩子们拿着碗筷整齐地坐在各自的位子上，等待盛上一份满满的早餐。一天的美好生活，也在享受美味中开始。

从 2015 年开始，上海仁德基金会发起"亲亲禾苗，营养一餐"项目，在一餐一饭中，给予贫困山区的孩子实实在在的关爱和支持。如今，项目已步入第 6 个年头，目前已在 12 个省落地，包括上海对口支援的云南、青海等地。项目资金投入超过 2000 万，受益学校超过 80 所，受益学生达 4 万人。

亲亲禾苗 营养一餐

上海仁德基金会是 2011 年 12 月 9 日在上海市民政局注册成立的支持型民间公募基金会。2016 年 11 月，仁德成为上海市首批获得"慈善组织登记证书"和"慈善组织公开募捐资格证书"的五家公募基金会之一。2017 年 12 月通过 5A 级社会组织评审，成为 5A 级公募基金会。

贫困县偏远山区的孩子每天的膳食以谷粮类
为主，水果蔬菜肉类等非常匮乏

孩子们食用午饭

在"怀仁爱之心，行贤德之举"的慈善理念指引下，仁德基金会
坚持"支持型"的角色定位，立足上海、辐射全国，致力于支持民间公益，
推动公益创新，促进行业发展的机构使命。

"亲亲禾苗，营养一餐"，是仁德基金会发起的公益项目之一。
仁德基金会项目总监陆颖告诉记者，"我们在执行项目走访中发现，
在那些贫困县偏远山区上学的孩子，每天的膳食基本都以谷粮类为主，
水果蔬菜肉类等非常匮乏，有些甚至常年以土豆为主食。"这些食物
远远满足不了他们的营养需求，在生长发育的关键时期，孩子们却无
法获得足够的营养，让基金会的同仁们十分痛心。

然而，要丰富孩子们的膳食，并不是一件容易的事。

这首先与当地地理条件有关。这些欠发达地区一般位于偏远高寒
山区，因为环境较为严苛、灾害较为频繁等自然气候原因，只能种植
简单的红薯、高粱、青稞等粮油作物，其他的食物不宜种植。

难题同样也体现在交通方面。多数地方山路崎岖，从学校到学生
家中路途遥远，孩子们年龄幼小，不得不寄宿在学校里，三餐都需要
在食堂解决。这也让学校承担起更大的责任与压力。

"从短期来看，处在生长发育关键时期的孩子得不到必要的营养摄入，身体发育受阻，不利于身体和脑力发育。从长期来看，城乡间、地区间、群体内的儿童营养不公平会逐渐拉大。"

陆总监说，基金会同仁们希望为贫困地区和贫困家庭的学生提供可口的营养餐，加强营养供应，促进孩子们的身体发育，保证孩子们健康成长。

于是，"亲亲禾苗，营养一餐"项目应运而生。

孩子们每顿都能吃上肉

云南省元谋县新华乡大河边完全小学，一座地处偏远农村的学校。它所在的地区是元谋县的深度贫困村，距离县城路途遥远。"我们这儿的水泥公路刚通了一年多，以前由于位置偏僻、土地少，村民们家里都很贫穷。"校长张洪文介绍，"我们是完全寄宿制小学，孩子们周日晚上来上晚自习，一般周五下午才能下课回家。"

全校共有46名在校学生，其中，11个孩子享受"亲亲禾苗"项目的资助。在校的孩子们一天三餐怎样安排？张洪文介绍，孩子们每天早上吃营养早点，有米线、面条、稀饭、鸡蛋、面包等轮流"翻花样"，午饭与晚饭的"标配"，都是三蔬菜一荤菜一汤一饭，价格每餐7元；如果除去荤菜，则价格为每餐3元。

张洪文说，在没有"亲亲禾苗"之前，因为贫困，很多家庭让孩子每天只吃一顿肉。有了"亲亲禾苗"后，孩子们每人每学期享受540元现金补助，每顿都能吃上荤菜。

"这一项目由元谋县政协专人负责，与云南省扶贫基金会、本地教育部门专门对接。"张洪文说，资助钱款直接下发到学校，不作停留，当天就让班主任老师通知相关同学与家长，到学校领取现金。这笔钱不出校门，直接充进孩子们的饭卡里。

像大河边完小这样受到资助的学生，还有许多。仁德基金会根据实际情况，因地制宜地制订了项目实施办法，确保项目款用到真正需要的地区，帮助有需要的群体。

"项目调研、发布招募通知、多次筛选……经过层层审核，我们确定了合作机构和学校，结合网络募款，对项目资金精准拨付。同时，我们也与多元化的伙伴一起合作。"陆总监介绍，合作伙伴有省扶贫基金会、各类慈善基金会、康复中心、社会工作服务中心、特殊教育学校等社会组织，来共同高效推动项目的实施和发展。

让更多人关注就餐状况

基金会工作人员也会定期对项目执行学校进行走访调研，实地了解受资助学校、受资助孩子及其就餐情况。

在藏区，受资助学校会为学生提供汉藏结合的早餐，藏餐有糌粑、奶渣、酥油等,汉餐则包含稀饭、鸡蛋和馒头等,食物种类较以往丰富许多,

厨房准备孩子们的膳食

食物数量供应充足，可以满足学生基本营养需求。同时，中心工作人员严把购进食材质量关，要求供应方提供并保存经营资质，以及相关食品检验、检疫证明材料，确保购进食材的安全性、问题食材的追查可溯性。

以往缺乏的专业厨房用品用具，也逐一添置，例如消毒柜、食品留样冰箱、蒸车等。学校的厨房管理制度也严格按照各地食品安全管理制度实施，厨房工作人员会按时记录：厨房晨检、餐饮具消毒、食材留样和厨房台账，以确保安全、洁净、健康的厨房环境。所有厨师和教师也都办了健康证并每年进行体检。

"看到我们资助的学生能够吃到营养、健康的饭，我们心里也暖暖的。"禾苗项目主管朱照强说，最让他们欣慰的是，受助地的家长、学校和周围的人们都对于孩子们的营养意识有了一定的提升。

"之前很多家长、厨师和孩子可能都不知道孩子应该吃什么才有营养，也不知道孩子在成长发育过程中摄入营养餐的必要性。通过营养加餐项目，很多家长和学校开始关注孩子们的就餐状况，改善三餐的质量，这很大程度上促进了孩子们的身体发育，使他们能健康成长。"上海仁德基金会秘书长王宛馨说，这不仅巩固贫困残障学生的就学率，也减轻了学校和家庭的经济负担。

作者：杨洁　刊发日期：2020/11/10

▌案例点评▌

作为立足上海、辐射全国的民间公募型基金会，仁德始终密切关注偏远及农村地区儿童的健康成长，亦为此在不断地发声、发力。"亲亲禾苗　营养一餐"，就是仁德基金会以欠发达地区的困难学生、特殊教育机构学生为受助对象，为其提供营养餐的一个公益项目。

欠发达地区儿童营养餐的改善，是脱贫攻坚和乡村振兴工作的重要一环。本着给孩子们在温饱基础上增添营养的初衷，仁德在项目启动前赴西部山区进行了实地调研，充分收集了相关数据，包括量化数据、质性研究以及相关政策讯息，对欠发达地区孩子们的需求情况进行了确认，全过程跟踪评估为这些孩子们营养加成的成效，很好地做到了精准扶贫。

此外，仁德基金会还依托网络新媒体平台广泛宣传动员，将优质项目上线到互联网，建立起较为完善的互联网监督机制，做到项目执行的公开透明，取得了广泛的社会认同。

在项目的实施过程中，无论是人员分工、物资配置，还是执行能力，仁德基金会都体现出了较高的专业水平；在项目定位和品牌打造方面，仁德亦交出了一份令人满意的答卷，获得了合作方的一致好评。

我们衷心希望，未来能看到更多这样助力精准扶贫与乡村振兴的优秀项目，哺育一代更有爱心的接班人，共同构建起一个值得期待的美好生活共同体！

杨发祥 华东理工大学社会与公共管理学院副院长

应用社会学研究所所长、社会学博士后科研流动站站长

教育部新世纪优秀人才、博士生导师、教授

▌机构简介▐

上海仁德基金会是 2011 年 12 月 9 日在上海市民政局注册成立的支持型民间公募基金会。2016 年 11 月，仁德成为上海市首批获得"慈善组织登记证书"和"慈善组织公开募捐资格证书"的五家公募基金会

之一。2017 年 12 月通过 5A 级社会组织评审，成为 5A 级公募基金会。

在"怀仁爱之心，行贤德之举"的慈善理念指引下，仁德基金会坚持"支持型"的角色定位，立足上海，辐射全国，致力于支持民间公益，推动公益创新，促进行业发展的机构使命。由理事会和监事会进行监督，秘书处进行直接工作指导，下设资源发展中心、公益创新中心、行政管理中心等部门。

业务范围包括资助公益慈善项目，资助公益组织培育和发展，资助公益人才培训与服务，资助公益研究和宣传工作，资助其他与民政业务相关的公益项目和活动。合作领域涵盖教育支持、医疗救助、社区发展、环境保护、公益人才培养等。到 2019 年底，仁德支持与合作的民间社会组织数量累计有 300 多家，支持的公益项目数量累计有 600 多个。仁德基金会自成立以来募得善款总计 2.74 亿，支出善款总计约 2.68 亿。2016 年到 2019 年四年每年投入的扶贫资金分别是 1402 万、4465 万、6248 万和 5367 万元。2019 年仁德在三州三区开展的项目有 28 个，涉及金额 144 万，受益人次 63872 人次。云南省对口支援项目 4 个，涉及金额 173 万，受益人次 716 人；贵州遵义对口支援项目 5 个，涉及金额 40 万，受益人次 800 人。

经过 8 年的发展，仁德基金会公益项目具有了自身的影响力，获得政府、社会和企业等相关部门的认可和肯定；得到了新闻媒体的积极宣传以及线下志愿者群体的大力支持，项目的影响力辐射广泛。基金会陆续打造出"海公益"、"亲亲禾苗 营养一餐"、"让星儿更美好"等品牌项目，其中"亲亲禾苗 营养一餐"项目荣获 2019 年全国社会组织扶贫 50 佳案例，并且在调研的基础上不断地推出新的品牌项目，将仁爱之心和贤德之举的种子结出更加丰硕的果实。

上海杉树公益基金会

受助助人：让知识改变命运，
用生命影响生命

"我们都渴望长成一棵树，枝干挺直，凌霜不屈；多年后，我们终将长成一棵树，青松翠绿，风致如故。"对于大山里的孩子来说，读书可能是改变命运的唯一路径。他们渴望考上一所好的大学，去广阔天地里肆意翱翔，却常常因为家境贫寒，束缚了前行的脚步。帮助孩子们走出大山看世界，是王成杰一直坚持在做的事情。作为的一名支教老师，他始终坚信，用生命影响生命，是爱的延续。

在一些偏远落后地区，囿于自然条件的限制，当地居民受教育水平低下，难以摆脱生活上的困境。精神缺"钙"导致了行为上的惰性，使他们过早地屈从于命运。因此治贫先治愚，扶贫必扶志。

据杉树公益秘书长介绍，在很多贫困地区，九年义务制教育只能保障学生念到初中毕业，一些成绩优异的学生考上了高中，但因为家里供不起，只好辍学。为此，上海杉树公益基金会发起了"杉树高中助学计划"，与重点高中合作，成立40-50名学生组成的"杉树班"。每年会给"杉树生"提供3000元生活费，帮助贫困生顺利完成高中学业，减轻贫困家庭的负担。杉树生的选拔标准也很严格：地点偏远，家境贫寒，但勤奋好学，品德兼优。

杉树生的留言纪念册

　　3000元并不算多，但对大山里的孩子来说，却是"雪中送炭"。"很多人一年也挣不了这么多钱，家里穷得揭不开锅，孩子又多，他们只能辍学去打工，帮着贴补家用。"王成杰从小生活在贵州遵义，身边有很多小伙伴在本该读书的年纪里就扛起家庭的重担，他看到以后心里很不是滋味，便暗自下定决心，等自己学有所成后，一定会帮助家乡的学生走出大山，用知识改变命运。

　　"知识是改变思维观念的有效途径，教育更是阻断贫困代际传递的治本之策。"王成杰曾在杉树基金会理事张君达的帮助下，受到资助，顺利完成了高中学业，成为南京审计大学投资学院的学生。大三那年，他做出一个决定，让身边人很惊讶。2017年9月，在同学们都忙于考研、找工作的时候，王成杰办理了休学手续，决定去支教。大学生到山区支教不是什么新鲜事，只是王成杰这一去，就成为了"支教钉子户"。如今，他是杉树公益的一名全职支教老师。

　　"我曾经想去当兵，没去成；后面想去支教，不想给自己再留遗憾

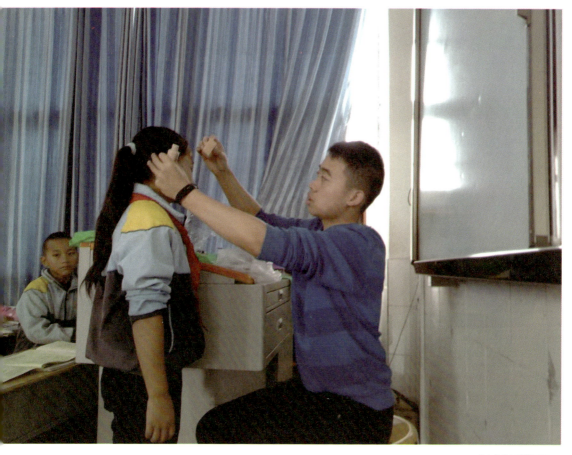

了。"今年，是王成杰支教的第四年，学生和同事们都亲切地称他为"杰妈"。原因也很简单，大大小小的问题，他都要操心，安全的问题总是要叮嘱大家很多遍。山顶小学又停电了吗？学校海拔高啊，都带厚衣服了吗？核动力热水器坏了？那得安排人搞啊！哪个团队又出现情绪问题了？放假期间，我们的支教老师外出的话一定要注意安全……王成杰不觉得啰嗦，也不嫌麻烦，他说希望每一位支教老师，在艰苦的环境中，能有满足基本需求的幸福。

　　和大多数支教老师守护孩子不一样，王成杰既要教学生也要管理支教老师。他说自己曾是一个个性很强，敢于尝试各种事物的人，如今大家给他贴的标签都是：成熟、稳重、接地气。支教让王成杰经历了完全不一样的生活，除了当老师外，他又当爹又当妈，陪孩子们一起学习，伴孩子们一起长大。

　　"我还记得 2010 年，我刚读六年级，开始上体育课。10 岁出头的年纪，充满了活力。一到体育课就激动得不行，班里同学一阵一阵的往操场上奔，边跑边嗷嗷叫，生怕其他班不知道我们要上体育课了。那时候的体育老师也非常紧缺，尽管当时我的身高只是中等，但还是听不太清老师的声音，真恨不得长得矮一些，可以站在第一排，但又听第一排的小伙伴说，体育老师的声音太大、太吵了。"王成杰第一年支教的学校，全校近 1000 名学生，却只有 20 多名教师。当时王成杰担任五年级三班的班主任，被安排了七门课程，有时候他还要给三年级的学生代课。虽然很辛苦，但王成杰说，能够在学校里做支教老师很幸福。

据悉，杉树助学项目自 2016 年起至 2020 年已经在全国 12 个省 38 所学校成立 158 个杉树班，共资助 7549 名高中生。其中在云南及贵州遵义地区资助人数近 4000 人，通过教育扶贫，减轻偏远地区困难家庭的压力，保障学生顺利完成高中学业，帮助家庭尽快脱贫。"我们坚信，可以用生命影响生命，让每一棵杉树生根发芽，在未来长成参天大树。"史联群说。

作者：杨欢　刊发日期：2020/07/23

▌案例点评▐

尽管我们国家这些年经济发展迅速，人民生活和教育水平迅速提高，可是，在西部边区，由于自然环境等因素，还是有不少地区，教育资源匮乏，教师缺乏，不少孩子因为经济困难，无法继续学业。每个孩子都是一颗种子，必须有合适的土壤，才能长成参天大树，成为社会的栋梁。杉树助学计划通过资助高中生，培养教师，提供资金改善教学条件等多种方式，全方位扶持贫困地区的教育发展，搭建了一座上海与贫困地区之间爱的桥梁，帮助贫困地区的儿童健康成长，努力成才。这些通过努力走出大山的孩子，也将把这份爱和温暖传递给更多人。杉树公益的助学项目，体现了我们社会上"大爱无疆"的慈善精神。发起杉树公益的企业家们，也通过这些公益活动，传递了扶助弱小，利他助人的社会责任感。"用生命影响生命"，让爱的光辉照亮世界。

张东升 上海海洋大学副教授

海外中国教育基金会前副会长

▎机构简介▎

上海杉树公益基金会于 2015 年 4 月 30 日，在上海民政局正式注册成立的非公募教育类公益组织，宗旨是帮助贫困地区孩子茁壮成长，帮助青年人树立自立自信自强的精神。目前有 21 名理事，5 名监事。理事会选举产生理事长、副理事长及秘书长人选，秘书长负责基金会日常运营管理，基金会目前有全职员工 14 人，兼职人员 1 人。

上海杉树公益基金会源于 2012 年由中欧国际工商学院爱心联盟发起的杉树计划——一个旨在点燃年轻人心中的希望、提高大学生职业发展能力的计划，一个培养自立自信自强懂得感恩并回馈社会的卓越人才的公益项目。基金会倡导"公益是一种生活方式"，践行"向上生长，向善前进"的理念，以"让生命影响生命"为使命，通过持续的支持和滋养，帮助有志青年蜕变成长，从受助者成长为助人者。

基金会目前运营有 3 大项目：高中助学、大学助成和杉树支教。高中助学与市、县级高中合作成立约 40-50 名学生的杉树班，为家庭贫

王成杰在支教

困、学习优、品德好的"杉树生"提供每年生活费 3000 元，由学校按 10 个月每月 300 元发给学生。学校则免除"杉树生"的学费及住宿费。

2016-2019 年高中助学项目，在 12 个省 35 所高中开立 124 个杉树班，资助 5831 名贫困高中生，其中上海对口支援的云南地区是高中助学项目重点扶贫地区，四年共资助 2814 名云南地区的贫困高中生，占整个项目的 48%。减轻了贫困家庭经济上的负担，让贫困高中生安心完成高中学业，帮助家庭摆脱贫困。

高中助学的特点是不仅仅是经济上资助，同时开展《高中成长营》，针对偏远地区高中生缺乏自信、视野狭隘等现状，从与自己、与他人、与未来三个面向设计体验式学习，让高中生在团队互动及学习中释放潜能，增强自信，综合能力得到提升。除此之外我们还举办《教练型老师培训》帮助贫困县当地学校老师通过培训带来全新的教学理念，解决自身情绪压力等问题，同时将学会的教练技术带到日常教学工作中，带给高中生更多的正向积极的引导。

高中生进入大学，通过大学助成计划，系统性活动设计，帮忙大

学生提升职业发展的能力，为进入职场做好充分准备，真正帮助一个
贫困学生从高中到大学到进入社会打下坚实的基础，真正让自己和家
庭得到改变。

上海市教育发展基金会

双语奖教 ：为喀什优秀教师设立奖教金

教师队伍素质的高低，影响着一个国家和民族的未来。但在南疆尤其是喀什地区，多年前却面临优秀教师不断流失的困境。在 5000 多公里之外的上海，有一群人，每年都关注着喀什地区的教育。他们，就是上海市教育发展基金会的工作人员们。

从 2011 年至今，上海市教育发展基金会年复一年努力筹资。至今，总共有 1400 名喀什地区的优秀教育教学工作者，获得了每人 2500 元的"奖教金"，累计资助金额达 350 万元。在"教育扶贫"之路上，基金会心怀大爱，砥砺前行。

首次设立双语"奖教金"

说起这段沪喀教育的"不解之缘"，要追溯到 2010 年。自对口援疆工作启动以来，上海市高度重视"教育援疆"，启动了一系列软硬项目建设工程，为改善上海市对口支援四县中小学整体办学条件，起到了巨大的推动作用。

与此同时，喀什地区，尤其是当地贫困农村地区，优秀双语师资力量薄弱的情况也引起了上海市对口支援新疆工作前方指挥部（以下简称"前方指挥部"）的关注。当时，喀什四县的教育事业发展相对滞后，

不仅办学条件艰苦，双语教师也严重匮乏，中级教师每月收入才2000元不到，骨干教师流失严重。

优秀学生可由"奖学金"来激励，那么针对优秀教师和教育工作者，是否也可设立"奖教金"，激发他们的工作积极性？前方指挥部想到了上海市教委及上海市教育发展基金会。

基金会负责该"奖教金"项目的办公室副主任杜春桃回忆道："2010年下半年，前方指挥部与当时的基金会秘书长联系，随后我经办这个项目。起初划定的评奖范围是上海市对口支援的莎车、叶城、泽普、巴楚四县从幼儿园到中小学的教师，后来又陆续纳入职业技术学院等学校。"

在前方指挥部的推动协调下，2010年10月，基金会和喀什地区教育局共同设立了"喀什双语教育上海奖教基金"，用于表彰对双语教育教学做出突出贡献的教师和教育工作者，营造尊师重教的社会氛围。每年教师节前夕，表彰大会在四县轮流召开。

叶城县恰斯米其提乡中学教师米热阿依·米吉提在为学生上课

这也是喀什地区开展双语教学工作以来首次设立"奖教金",开创了历史先河。

向一线和基层贫困教师倾斜

按照协议,奖教金的评选范围、条件和办法,由喀什地区教育局制订。其中有一条很重要的原则,即重点向一线、基层倾斜,尤其是向条件艰苦的农村学校及农村双语幼儿园倾斜。

最终的评选,也严格遵循了该原则。基金会厚厚的档案显示,2011年的首次表彰,200名获奖者中,农村中小学教师占70%,县镇中小学教师占30%。"奖教金"下设三个部分,其中优秀教师占54,优秀班主任占34,优秀教育工作者占12%。随后几年的比例,也大致如此。

募资并非易事,基金会的员工们都希望,尽可能节约经费,将资金更多地用于奖励优秀教师。因此,每年奖教金的颁发,基金会都委托前方指挥部及援疆干部代办。"这么多年，我也只去过一次颁奖现场。"杜春桃回忆，从 2011 年至 2016 年，"奖教金"共发放了五届。

2017 年 7 月，第六次全国对口支援新疆工作会议在喀什顺利召开，明确提出要坚持"教育优先"的原则，坚定不移聚焦提高人口素质推进教育援疆。而双语教育不仅关系到提高人口素质和人才培养，也关系到民族团结和社会稳定长治久安。

前方指挥部认为，"奖教金"的设立，是贯彻落实第六次全国对口支援新疆工作会议精神的具体表现，为推动喀什地区双语教育起到了积极的作用，希望基金会继续支持。因此，2017 年之后奖教金仍继续颁发。

通过各种形式开展双语教育

虽不能亲临现场与老师们交流，但每一名获奖者的名字和故事，基金会都毫不陌生。"喀什地区教育局组织的评选相当规范，每年都会将学校和获奖者名单预先发送给我们审核，我们也从老师们的故事里获得了很多感动，催生了更多动力。"上海市教育发展基金会秘书长张宏莲说。

阿里米热·买买提是 2017 年的获奖者，在她的讲述中，南疆幼儿园通过各种方式打造国语环境的情景展现在大家眼前。阿里米热曾是塔西南石油基地的一名工人，在上海师范大学学习了幼教知识后，成为奎依巴格乡阿勒恰其巴格村幼儿园的一名教师。

"我们每周都要组织升旗仪式，唱国歌、升五星红旗，让孩子们树立爱祖国、爱家乡的情怀。老师们还会教授《三字经》等国学经典，组织孩子唱红歌、玩娃娃家，校园内还展示青花瓷、国粹脸谱、剪纸等工艺品。通过家长专题讲座、家长开放日等活动，家长们也感受到了国语学习的重要性。"阿里米热说。

米热阿依·米吉提则是叶城县恰斯米其提乡中学的年轻国语老师，为了让学生学好国家通用语言，她从自己做起，在克服语言障碍上下功夫。她说："我深知实行国语教学是落实新疆社会稳定和长治久安总目标的具体措施。我每天承担的是学生的语言关，让学生勇于张口说、拿笔写，在国语学习的过程中培养优秀的品质和坚韧的意志。现在，学生从不说一句到能说两三句，再到喜欢说国语、以说国语为骄傲，家长的理解和支持力度也越来越大。"

"教育扶贫"非常重要

在张宏莲看来，教育能改变一个人的一生，也能改变一个人的家庭，因此"教育扶贫"尤为重要。"基金会姓'教'，我们的宗旨就是支持教育，支持教育事业发展。边疆地区的老师很辛苦，需要我们利用上海的教育资源为他们做点事。"她说。

张宏莲说，在评审和颁奖过程中，基金会、前方指挥部和喀什地区教育局三支队伍缺一不可："前方指挥部起到了领导和协调对接的作用，他们最了解新疆喀什最需要什么。而我们作为出资方也给予充分信任，几年来这种合作机制运转得很顺畅。"

据悉，上海市教育发展基金会是经上海市民政局批准，于1993年正式成立的公募基金会，致力于教育与经济、社会发展相结合，促进教育事业发展。基金会主要资助项目有"曙光计划"、"晨光计划"、"阳光计划"、"星光计划"、"联盟计划"和"普光计划"等，至2019年12月底，累计募集资金（含实物折算）共9.2亿元，累计增值收入为 5.55 亿元，累计资助总额达 9.42 亿元。

"聚财、汇智、促善、育人是我们基金会的工作方针。不管是上海还是边疆、贫困地区，只要在教育方面有需要，我们都将尽己所能去帮助他们。"张宏莲说。

作者：金昊矣 刊发日期：2020/09/23

▌案例点评 ▌

基金会是组成中国社会组织大家庭的非常重要的一员，它不仅作为慈善组织发挥慈善功能，而且作为社会组织发挥更加重要的治理功能。上海市教育发展基金会在新疆喀什十数年如一日的不忘初心的教育扶贫行动，向我们展示了基金会的跨区域跨族群的聚财、汇智、促善、育人的治理功能。

第一，超越"一次性"，迈向"可持续"。与其他许多基金会的"一次性"捐助行为不同，上海市教育发展基金会从 2011 年至今，十数年如一日，耕耘在喀什教育扶贫的一线，累计资助 1400 名喀什地区的优秀教育工作者，资助金额达 350 万元，做到了教育扶贫的"可持续"。第二，超越自上而下，迈向基层一线。上海市教育发展基金会作为社会组织的重要代表，自始至终坚持了其社会性、公益性本色，避免了许多政府型社会组织的自上而下不接地气的行为方式，在教育扶贫的顶层设计上坚持自下而上的理念——"重点向一线、基层倾斜，尤其是向条件艰苦的农村学校及农村双语幼儿园倾斜"，使稀缺资源注入亟需资源的基层一线，做到了教育扶贫的精准性。第三，超越慈善，迈向治理。上海市教育发展基金会远渡万山，在新疆喀什开展的教育扶贫事业，超越了传统意义上的慈善事业，已经向贫困治理转向。基金会以振兴西部地区教育为己任，建立起一套可持续、可复制、可推广的贫困治理机制和经验，从这个意义上讲，其所开展的事务已经超越单纯的慈善层面，向治理层面跃进。

宋道雷　复旦大学马克思主义学院副教授、政治学博士

▌机构简介▌

上海市教育发展基金会是经上海市民政局批准，于1993年正式成立的公募基金会，现任理事长王荣华。基金会致力于教育与经济、社会发展相结合，促进教育事业发展。基金会主要资助项目有"曙光计划"、"晨光计划"、"阳光计划"、"星光计划"、"联盟计划"和"普光计划"等，至2019年12月底，累计募集资金（含实物折算）共9.2亿元，累计增值收入为5.55亿元，累计资助总额达9.42亿元。

基金会的工作方针："聚财、汇智、促善、育人"。

上海思麦公益基金会

中职项目：让大山里的孩子有了一技之长

"如果没有参加中职项目，可能我高中早已辍学在家，一辈子也走不出大山。"穿梭在小区楼盘间的电梯保养工程师唐荣有，是上海思麦公益发起的"中等职业教育项目"的受益者之一。

五年前，唐荣有拿到了高中录取通知书，家里却无力负担学费，接受了思麦公益的资助，来到上海市房地产学校学习。他就此走出云南省红河州的大山，毕业后留在了上海工作，改变了自己的人生。凭自己的一技之长，唐荣有又供起了家中的弟弟读书。像他这样的孩子，还有许许多多。

扶贫助学

从 2012 年起，上海思麦公益发起"中等职业教育项目"（以下简称"中职项目"），联合上海市优秀的中职学校，以及爱心企业，资助中西部地区贫困家庭的初中毕业生，到上海接受为期三年的正规职业技术教育，帮助他们获得一技之长，摆脱贫困，改变命运。

中职项目的招生地区全部是国家级贫困县。2015 年，中职项目首次落地于上海对口支援地区——云南省红河州，在元阳县招收和资助 18 名学生，学生均来自建档立卡户或贫困家庭，唐荣有就是其中之一。

离开家乡，来到陌生的上海，唐荣有一开始话并不多。很快，学

唐荣有（左二）
邓鲁平（左三）
思麦公益理事长
黄岩（右二）参
加"上马思麦公
益跑"

校、老师和学生建立起"不是亲人、胜似亲人"的关系，班主任老师成了孩子们在上海的"爸爸"、"妈妈"，学习上、生活上的大小事，老师都包揽下来。

唐荣有所在的云南班中，先后有 5 人次获得全国和上海市级的专业性奖励、奖项。他自己不仅连续三年获得校级奖学金，还积极参加各项学生组织活动，多次代表学校参加各项技能大赛并获奖。2017 年，他获得上海市房屋应急维修行业技能比武（家用配电故障排除与修复）一等奖、全国职业院校技能大赛中职组建筑设备安装与调控（给排水）比赛中荣获团体三等奖，2018 年，他又获得全国职业院校技能大赛中职组"亚龙杯"电梯维修保养赛项比赛团体三等奖。这一切为他打下了扎实的专业技能基础，为今后的工作做好了充足的准备。

至 2019 年底，思麦公益在红河州共招生 5 年，累计资助 160 人，投入的资助金达到 190 多万元。2018 年，思麦公益首次在贵州遵义铜梓县招收和资助 10 名学生，至 2019 年底，在铜梓县共招生 2 年，累计资助 20 人，投入的资助金将达 20 多万元。多年来，中职项目先后有50 多人次获得全国和省级的奖励、奖项，2 名学生被高等院校免试直招。

学校老师千里迢迢到深山家访（右二为邓鲁平）

一举三得

上海思麦公益基金会理事长黄岩介绍，发起这样的中职项目，源自思麦公益在长期公益实践中的发现：很多中西部贫困地区的学生常常因为教学条件落后和家庭贫困，不得不在初中毕业后辍学。他们既达不到法定工作年龄，也缺乏职业技能，在劳动力市场中严重缺乏竞争力。

同时，上海的优秀中等职业技术学校生源不足，优质教育资源的优势无法充分发挥。此外，社会急需的技能型岗位长期面临"用工荒"，技术工人流失率高，优秀技术工人极为紧缺。为此，思麦公益决定牵头各方解决这些问题。思麦公益给每位学生提供了约 1.2 万元助学金，资助他们到上海接受职业技术教育，掌握一技之长。

唐荣有在楼宇智能化设备安装与运行专业读书的 3 年里，没有花过家里一分钱，学费、住宿费减免，饭卡里每个月有 300 元。2017 年，在学校推荐下，唐荣有进入上海新长宁集团大楼物业有限公司，在电梯保养岗位进行跟、顶岗实习。毕业后，他正式成为了一名电梯保养工程师，第一个月薪资就拿到了 4500 元。

回报社会

"我工作啦，感谢学校、感谢思麦让我们学有所获，能来到知名电梯企业工作。"这是瑶族男孩邓鲁平的心声。刚进校时，这个个子不高、身材偏瘦的男孩的身影，就出现在了志愿者招募面试的队伍中。一句简单的"我只想为别人做点什么"，让他成为了学校"四叶草"青年志愿服务团队中的一员。

每周六的地铁志愿工作，他一次不落，甚至还要"加班"。2015年至2017年，他累计志愿服务时长达到了123小时。通过校企合作，邓鲁平毕业后顺利进入上海三菱电梯有限公司云南分公司，回了家乡，还经常与学校的班主任聊聊近况。

黄岩感慨，这些孩子感受到项目对他们的切实帮助，在校期间甚至毕业后，都积极参与思麦公益组织的志愿活动，回报社会。毕业生们还自发地为中职项目和思麦公益的其它项目捐款、向学弟学妹伸出援手，将这份爱心传递下去。

作者：赵玥　刊发日期：2020/08/19

▌案例点评▌

职业教育与精准扶贫具有天然的耦合性，在阻断贫困的代际传递发挥关键作用，是实现脱贫攻坚国家战略目标的重要力量。

上海思麦公益较早就关注职业教育在精准扶贫中的功效，并设立了"中等职业教育助学"项目，联合上海优秀企业和职业学校共同支持中西部地区贫困家庭子女来上海接受优质的职业教育。

　　多年来，上海思麦公益克服了资金、人员、交通、政策等多方面的困难，不仅为来上海就读职业学校的西部学子提供资金上的支持，还深度参与从招生宣讲、日常学习到实习就业的人才培养全过程，同时组织形式丰富的活动，促进这些孩子德智体美劳的全面成长。

　　到目前为止，共计有来自于云南、四川、贵州等西部贫困地区的数百名学子受益于上海思麦公益的中职项目，他们中绝大部分在校期间表现良好，毕业后顺利地就职于上海、成都等地的企事业单位，受到用人单位的好评。上海思麦公益的资助和无私奉献，完全改变了这些西部贫困孩子的人生轨迹，为他们开辟了广阔的发展空间。

　　上海思麦公益的中职项目，是职业教育精准扶贫的典范项目，很好地诠释了职业教育阻断贫困代际传递的功效，其效果必然是"功在当代，利在千秋"。上海思麦公益作为致力于公益事业、促进社会公平与发展的重要公众力量，也为社会力量关注公益事业提供极好的范本。

王奕俊　同济大学职业技术学院副院长
中德工程学院院长（兼），副教授、博士、硕士生导师
同济大学教育学科学位分委会委员，中国教育学会成员
同济大学管理学博士，美国俄亥俄州立大学访问学者

▌机构简介▌

　　上海思麦公益基金会（以下简称"思麦公益"）是一家由上海市民政局主管的区域性、非公募基金会。自2011年12月注册成立以来，聚焦于教育扶贫领域，积极开展公益助学项目。

　　2012年起，思麦公益发起"中等职业教育项目"（以下简称"中

唐荣有参加全国职业
技能大赛现场

职项目"），联合上海市优秀的中职学校，以及爱心企业，资助中西
部地区贫困家庭的初中毕业生，到上海接受为期三年的正规职业技术
教育，帮助他们获得一技之长，摆脱贫困，改变命运。

源起

思麦公益在长期公益实践中发现：一方面，中西部贫困地区的学
生常常因为教学条件落后和家庭贫困，不得不在初中毕业后辍学，由
于达不到法定工作年龄和缺乏职业技能，他们在劳动力市场中严重缺
乏竞争力；一方面，上海的优秀中等职业技术学校生源不足，优质教
育资源的优势无法充分发挥；另一方面，社会急需的技能型岗位常常
长期面临"用工荒"，技术工人流失率高，优秀技术工人极为紧缺。

为此，思麦公益发起中职项目，一举三得地解决这些问题：

思麦公益提供约12000元／人的助学金，资助中西部贫困地区初中毕
业生到上海接受职业技术教育，让他们获得教育机会，掌握一技之长。

思麦公益联合上海的中职学校提供正规的职业教育，并为贫困生
办理学费减免；联合爱心企业提供捐助资金、提供实习和就业机会。
学生毕业后可进入合作企业就业，也可自主择业。由于学会了职业技
能，他们能够顺利就业，并拥有良好的职业发展前景。也有一些学生
选择继续升学，为自己储备更多的专业能力。

做法

资助对象：中职项目的招生地区全部是国家级贫困县。包括：位于乌蒙山区集中连片特殊困难地区的国家级贫困县——四川省叙永县、属于上海对口支援地区的国家级贫困县——云南省红河州元阳县、红河县、贵州省遵义市桐梓县。

项目受助学生全部来自建档立卡户或低保家庭，家庭经济条件困难，人均年收入低于当地最低生活保障标准。

支持内容：中职项目从几个方面为受助学生提供帮助：

一是解决经济上的燃眉之急，思麦公益给予每名学生约1.2万元生活费用资助，包括生活费、住宿、校服、体检、家校交通补贴等费用，学校办理学费减免，大大缓解家庭经济压力，减少因贫失学；

二是教授立足社会的一技之长，学生毕业时将持有学历证书和多项职业技能证书，获得谋生技能和就业机会，实现经济独立；

三是给予家庭般的关怀，学校、老师和学生建立起"不是亲人，胜似亲人"的关系，班主任老师被学生自发地尊称为"爸爸"、"妈妈"，给他们无微不至的关爱和指导；

四是提供社会实践、志愿服务、表演竞赛等机会，思麦公益和学校为学生组织各种活动，让他们参与社会生活，充分发展特长；

五是为学生开设"成长课程"，思麦公益与专业培训机构合作，学习自我认识、目标管理、人际沟通等课程，解决他们成长中的困惑，提供精神支持。

六是对毕业生给予后续支持，思麦公益和学校提供培训、交流机会，鼓励他们进一步提升，为学生未来发展"充电"。

上海特殊关爱基金会

赠保暖服：这股来自上海的
暖流温暖人心

　　一年半过去了，上海特殊关爱基金会的工作人员心里依然记着一群人。他们，就是贵州省遵义市正安县瑞濠移民安置点的乡亲们。从深山中搬到瑞濠移民安置点的易地扶贫搬迁困难群众们住进新家两三年了，他们还好吗？身上的冬衣还够吗？他们还有什么烦心事需要解决吗？……自从 2018 年 12 月底，带着 3680 件羽绒服前往正安县瑞濠移民安置点捐赠给困难群众们，这些问题，就一直萦绕在这群上海人的心中。基金会的黄秘书长说："既然结了'亲'，我们至少得跟踪支援三年。"

　　正安县的老乡们不是上海特殊关爱基金会工作人员唯一牵挂的人。自从 2013 年 10 月开展"送温暖"系列活动以来，他们已经陆续向上海市以及外省市的特殊学校以及贫困山区的师生捐赠了保暖服，活动得到了社会大众的一致好评。

先后三年向云南捐赠冬衣

　　基金会工作人员说，2015 年初，他们通过在云南省迪庆州支教的上海老师了解到，冬天，当地大雪封山，天寒地冻，不少残疾学生和

为贫困户送上冬衣

贫困残疾家庭的子女却缺少厚实的棉衣，在教室里上课，常常冻得手脚冰冷，长出许多冻疮，写字都不方便，条件煞是艰苦。

听说这一情况后，基金会与云南省迪庆州残疾人联合会联系，向迪庆州的残疾学生和贫困残疾家庭的子女捐赠了 610 件保暖服，价值 3 万余元。在中央召开扶贫开发工作会议，作出打赢脱贫攻坚战的决定后，基金会又在 2017 年向云南省迪庆州的残疾学生和贫困残疾家庭的子女捐赠了价值 8.4 万元的 1500 件保暖服。2018 年，了解到云南省昆明市寻甸县六哨乡中心学校的师生急需一批过冬衣物后，又向该校师生捐赠了 525 件保暖服，价值 4.2 万元。

把这么多衣服寄到云南不是一件容易事，不仅基金会工作人员要搬上搬下，还需要当地的援滇干部、支教老师一起帮忙，物流公司在听说衣服的来历后，也主动降低收费，仅收取成本支出。而且，因为孩子们都住得十分分散，有些衣服需要当地工作人员驱车百余公里才能送到孩子手中，这三批衣服全部分发完毕，花了不少功夫。不过，听说当地的孩子们都十分高兴，大家都觉得值得了。

给贵州"下山"移民送羽绒服

贵州省遵义市正安县是国家级贫困县，也是遵义市的唯一一个深度贫困县。2016年起，贵州省188万贫困人口陆续告别"一方水土养不起一方人"的荒凉大山，迁向城镇、迁向园区，正安县瑞濠移民安置点就是其中一个贫困人口易地搬迁安置点。这里，集中着2017、2018年易地扶贫搬迁安置的移民共3217户14834人。搬迁对象主要为全县精准贫困户，也有地灾点、自然条件较差、不通公路等地的群众，其中大部分家庭主要靠男性外地打工维持家庭生活，家庭经济条件远远落后于全国平均水平。

响应上上海市政府合作交流办的号召，主要开展关爱智力障碍青少年公益项目的上海特殊关爱基金会延伸服务范围，在与上海派驻当地的对口帮扶干部联系后，从当地居民的实际困难和需求出发，以低于市场价的价格从爱心企业处采购了3680件厚实的羽绒服，亲手送到安置点的群众手中，确保每家每户至少有一件。

来到瑞濠移民安置点，一栋栋美观大方的崭新住宅楼和宽敞的室内空间给基金会工作人员留下了深刻印象，但同时，屋内简单的家具陈设也显示出扶贫增收、创业致富的迫切性。也正因此，虽然只是一件冬衣，当地群众感受到这股来自上海的暖流，还是非常高兴的。

回到上海后，基金会的工作人员们依然牵挂着正安的父老乡亲，并考虑结合自己的服务优势，为当地做更多事情："当地新建的儿童福利院目前只有办公桌椅，是不是需要筹措一点适合青少年的桌椅？""正安当地和上海的对口帮扶干部都在大力推动当地的养殖业和种植业发展，是不是可以牵线搭桥，帮他们把农产品卖到上海？"……
正安的易地搬迁安置移民们的未来，有一群上海人也在操心。

作者：孙云　刊发日期：　2020/08/24

▌案例点评▌

2007年，第十二届世界夏季特殊奥林匹克运动会在上海成功举办。那届盛会让智障人士获得了前所未有的关注，也极大地改善了对智障人士的社会评价和境遇，很多人都希望能延续这样一个良好局面并进一步推动智障人士融入社会，上海特殊关爱基金会的成立恰逢其时。我因为工作关系，从其成立至今，一直与之保持着联络沟通和相互的支持。

上海特殊关爱基金会机构规模并不大，但10多年来一直保持着旺盛的活力。他们以敏锐的观察力发现问题症结，开创性地通过融合活动使志愿者和智障人士在短时间内相互了解，消除隔阂。这些卓有成效和创新型的慈善救助和公益活动，使上海特殊关爱基金会迅速成为关爱和服务智障人士领域的佼佼者。

令我欣喜的是，他们没有满足于已取得的成绩。从2013年底开始，上海特殊关爱基金会拓展和延伸了服务范围，把关注度投向内陆贫困地区，近几年来，更是高度关注三区三州贫困地区。依托支教老师、当地政府和上海市政府合作交流办了解贫困地区情况，以长期服务智障人士过程中培养起来的细腻和敏锐，发现很多贫困地区虽在南方，但地处山区，冬日缺少棉衣，条件非常艰苦。需求明确后，他们立即筹措资金，组织物资，安排运输，同时联系当地残联和民政部门

"上海有远亲 冬日送温暖"正安县羽绒服捐赠仪式现场

接收和发放，确保物资分发到每一个需要的群众手里。上海特殊关爱基金会多次向四川、云南、贵州贫困地区赠送保暖服，累计6000余件，让当地群众在御寒的同时，也感受到社会的温暖。

几年来，上海特殊关爱基金会身体力行地响应了中央扶贫开发工作会议打赢脱贫攻坚战的决定，践行着自身的社会责任。

中国特奥会秘书长 勇志军

▌机构简介▌

上海特殊关爱基金会于2008年7月31日成立，以弘扬中华民族扶贫济困的传统美德为宗旨，倡导企业"取之于社会，用之于社会"的互助精神，帮助贫困、智障儿童，促进社会公益事业的发展。上海特殊关爱基金会由姚明等社会知名人士和热心公益事业的相关企业共同发起，是区域性、非公募4A级基金会。

在理事会的领导下，上海特殊关爱基金会积极筹募善款，开展慈善救助、公益援助以及慈善项目的宣传与研究，与国内外公益机构开展交流与合作。

上海特殊关爱基金会致力于搭建起智障人士与社会之间融合交流的平台，通过特奥融合跑、融合艺术大赛等融合活动，使智障人士激发自信，强壮体魄，促进他们及其家庭融入社会；使社会公众对智障人群体有近距离的接触和了解，共同体验快乐。开展特奥融合活动的过程已成为增进包容和接纳、消除歧视的过程，成为城市精神文明提升的过程。

部分公益慈善项目

特奥阳光融合活动。由志愿者融合伙伴和智障人士合作完成，通过融合活动，使他们互相陪伴、互相了解、互相学习、互相支持，最终一起参与艺术作品创作或体育比赛。

援建特殊教育学校。援建甘肃省酒泉市特殊教育学校；继续参与支持学校后续发展，包括联系上海特教学校共建、支教，邀请酒泉学校师生来参加活动；邀请酒泉学校老师来参加培训等。

千愿圆梦行动。向智障人士征集了1013个微心愿，并通过网络、媒体向社会公布，联系组织社会爱心人士和机构认领心愿，帮助智障人士完成心愿。

送温暖活动。积极响应国家扶贫助困号召，在2013年启动了"送温暖活动"，向智障人士和贫困残障人士赠送保暖服，项目至今共捐助了17959件保暖服，总价值119万元。

助力畅行活动。向中残联、退伍伤残军人养老院、特教学校及江西省寻乌县残联等机构捐助了近400辆轮椅车。

上海相宜公益基金会

情系维西：大山深处的"本草课堂"

　　维西在哪里？在云南，在迪庆藏族自治州，在距离上海超过三千公里的中国地图最西南角上。这个傈僳族为主的国家深度贫困县位于澜沧江边，很美，也曾经很贫穷。几年前的维西，村里的儿童活动室空空荡荡，学龄前的孩子们只顾在田间奔跑，学生们升学的学费总像一块石头压在家长心头；几年前的农户，技术不够，流程落后，中草药产能不平衡，药材品质也不能稳定把控……走进田间，走近农户，走进教室，走向孩子，通过上海相宜公益基金会数年的坚持和努力，通过"心手相连·情系维西"生态扶贫项目数年来的探索和创新，如今教室里书声琅琅，少年可期；如今种植户精准脱贫，喜上眉梢。

"本草课堂"，走进田间

　　"开设'本草课堂'至今，我们已经为维西的千余位中草药种植农户，提供了 10 次的种植技术培训。在提升中草药品质的同时，给予当地农户更系统全面的技术培训，为他们创造了更多的就业机会。"上海相宜公益基金会的周嘉艳自豪地介绍起"授人以'渔'"的经验，"以往的培训，大多都是通过举办讲座的方式，传授给当地农户关于种植的技术。几年来，我们相宜基金会协同英格生物和多家农村合作社，

本草图书室里满是求知的渴望

邀请技术专家、高校教授走进大山，走近田地，为农户提供有针对性的技术指导，可以说是完全'扁平化'的。"周嘉艳说，他们不仅在举办培训前期，与农户们进行了大量的沟通，对于他们的需求有了深入的了解；也在培训期间不断完善扶持的方式，为农户提供土质检测、肥料发放，对于草药种植全方位地进行保驾护航："大家还建立了微信群，农户可以点对点地与专家沟通，快速有效地解决他们种植过程中所遇到的难题。"

微信群里，聊不完的话题，问不完的问题。农户们将自家地头遇到的困难，一一询问老师，请求指点一二。据统计，"心手相连•情系维西"生态扶贫项目迄今为超过2000户农户提供了技术支持，为约1500户农户提供了激励资助。张师傅是基金会的老朋友，近年来他以种植青刺果为业，通过与相宜本草的产业合作，实现了精准脱贫，"一技在身太重要了"，劳作的皮肤是黝黑的，收获的心情却是明亮的，喜悦在西南汉子的眼角眉梢绽放。

授人以渔，重视教育

今年春天的"本草课堂"上，有一道特别的身影吸引了相宜公益

本草课堂儿童活动室

基金会的视线。小伙子一边认真聆听一边仔细地做着笔记，清澈明亮的眼睛里充满了真诚。他是齐乐村鲜有的大学生李小军，小军的父母和哥哥是齐乐村的农户，家里的地头上种着重楼和木香，但由于缺乏系统的学习，对种植技术掌握不够，产能一直提不上去，"高附加值"更是无从谈起，李小军希望通过学习改善家里的情况。"了解到李小军的诉求，我们选送他前往昆明进行系统学习。"

其实，基金会不仅数年来在当地不断寻觅有志青年纳入"青年人才成长计划"，还切实地资助和扶持当地教育。据介绍，在宝山区工商联的指导下，上海相宜公益基金会与云南省迪庆藏族自治州维西县阿尼比村近 20 名在读大学生签订了助学协议，每年为每位学生发放6000 元助学金直至毕业。相宜本草还为"三区三州"捐赠了 3000 余套冬季校服，设立了 10 个本草图书室，并为云南、西藏、新疆贫困儿童实现了 500 个微心愿。

"我是余卫香，我家就在迪庆州维西县康普乡阿尼比村。我们村距离县城就有 63 公里，这里偏远闭塞、交通不便。2015 年以前，我们村经济贫困、人们思想落后，村民对教育重视不够，当时全村仅有两名大专生，失学现象也不少见。"余卫香说自己三年多来一直受到相宜公益基金会的资助，"现在村里面已经和以前大不相同了，已经不存在辍学的现象了，不仅教室几净窗明，图书室里的孩子们更沉浸在书的海洋里，眼中的光芒是对大千世界的好奇与热爱。快要大学毕业了，我梦想回到村中当一名乡村教师，让更多山里的孩子接受良好的教育。"

"2017 年 9 月我到大理农林职业技术学院就读，我的家庭经济状况不是很好，家中有两个残疾人，我奶奶视力残疾，我父亲肢体残疾，母亲又体弱多病，家中的收入靠种养殖为主，一年到头也挣不了多少钱。当时是真愁啊。"家庭更加困难的游占玉也得到了助学基金的切实帮助，"上海爱心企业的帮助，帮助我实现了大学梦，让我可以安心地在校学习，顺利完成学业。今年 6 月，我在学校还获得了'优秀班干部'的荣誉。"骄傲之余，游占玉告诉记者自己学的是林学专业，"真希望以后能用自己的所学，为家乡的生态环境建设贡献一份力量。"

作者：孙佳音 叶薇 刊发日期：2020/10/27

▌案例点评▐

相宜公益基金会通过开设"本草课堂"，与当地龙头合作社合作为中草药种植农户提供点对点精准的技术指导，并组织高校、科研机构等到田间地头进行系统化的培训、指导与疑难杂症诊断，给予农户精准的解决方案。这种做法从根本上来帮助维西当地的农户解决如何更加科学规范地种植中草药，也是提升当地中草药品质和产量的一个非常有效的措施。让我们当地没有那些高学历、技术水平相对初级的农户，变成种植中草药的行家里手。在开设本草课堂的过程中，基金会也进一步挖掘当地的中草药种植有潜力的年轻人，让他们能够加入到中草药培训体制增效的程序当中，改变这些年轻人的命运。

另外，相宜公益基金会给予中草药种植亩产量年度提升的农户经济补贴，其实是给到农户一个非常积极的信号与导向，就是希望他们能够通过他们科学化、系统化的培训，从而掌握技术，能够提高亩产量，通过亩产量的提升来达到脱贫致富。

相宜公益基金会也积极地关注到贫困县青少年儿童的教育质量，通过建立"本草图书室"，为他们创造非常好的读书环境，引入更多的素质教育内容，扶贫先扶智，也希望孩子们能够在这样一个环境下苗壮成长。

另外相宜公益基金会还承包了一个贫困村的大学生助学，这个助

技术专家、高校教授走进大山，走近田地，为农户提供有针对性的技术指导

学项目从根本上践行"扶贫先扶智，教育为先"的理念。一旦大学生毕业后踏上工作岗位，他们就会逐渐意识到贫困家庭从根本上已经消灭了贫困这样的状态，而且这个消灭是持久的、长效的，而不是一个短时间的过程。

这些都是基金会做出来的，而这些成效也是有目共睹的，从社会力量参与对口支援这个角度，从某种程度上说，能够弥补政府在对口帮扶过程当中，一些无法达到的效果。相宜公益基金会不仅仅是通过捐钱捐物，而是从思想上，从长效脱贫的机制上做了更深层次的探讨，而且这些是因地制宜的，因为维西县主要以中草药种植为主，所以基金会从源头上进行了有针对性的帮扶。

另外面对今年上半年的疫情，维西县这样的滇西北贫困县，根本没有具备防疫物资的囤积，那么相宜公益基金会在这方面也给予积极的帮助，解决了我们贫困县的燃眉之急，从某种程度上说，也是能够根据当下的情况变化来对我们县里面的一些薄弱环节进行一个补强。

忻椰骏 云南省迪庆藏族自治州

维西傈僳族自治县委常委、副县长

▍机构简介▍

上海相宜公益基金会（以下简称基金会）成立于2016年，是一家致力于资助扶贫济困项目、关注贫困地区发展，通过开展公益项目来帮助弱势群体改善生活方式，探索可持续发展的一家慈善组织。

上海相宜公益基金会践行"万物相宜"的理念，传承中草药文化，整合社会力量，因地制宜地开展形式多样的公益项目。近年来，基金会在西藏、云南、新疆、四川、湖北等地开展了一系列的公益项目，并将成功案例进一步延展，辐射更多贫困地区。

上海相宜公益基金会数年的坚持和努力，通过"心手相连·情系维西"生态扶贫项目数年来的探索和创新，走进田间，走近农户，走进教室，走向孩子，如今教室里书声琅琅，少年可期；如今种植户精准脱贫，喜上眉梢。

开设"本草课堂"至今，通过"授人以'渔'"的方式，为农户提供有针对性的技术指导，实现扁平化教学管理，更直接、更高效。在举办培训前期，与农户们进行了大量的沟通，对于他们的需求有了深入的了解；也在培训期间不断完善扶持的方式，为农户提供土质检测、肥料发放，对于草药种植全方位地进行保驾护航；专家与农户之间建立了微信群，农户可以点对点地与专家沟通，快速有效地解决他们种植过程中所遇到的难题。

据统计，"心手相连·情系维西"生态扶贫项目迄今为超过2000户农户提供了技术支持，为约1500户农户提供了激励资助。

授人以渔，重视教育，相宜公益基金会将"本草课堂"中优秀的学生，选送到科研机构进行实习，将这样的有志青年纳入"青年人才成长计划"，还切实地资助和扶持当地教育。基金会在宝山区工商联的指导下，与云南省迪庆藏族自治州维西县阿尼比村近20名在读大学生签订了助学协议，每年为每位学生发放6000元助学金直至毕业。还为"三区三州"捐赠了3000余套冬季校服，设立了10个本草图书室，并为云南、西藏、新疆贫困儿童实现了500个微心愿。

上海星舍公益基金会

点亮心愿：5000里救援，只为一颗健康的心

上海火车站的站台上，一群身穿汉、藏族服装的家长带着孩子连连鞠躬，不断地用汉语和藏语向送别的一群人表达着感谢，感情真挚，溢于言表。这一幕发生于去年6月下旬，这19名来自西藏日喀则地区的先心患儿，在家长的陪同下，来到上海儿童医院，成功接受了手术治疗。日喀则先心病儿童救治公益项目的组织方星舍公益基金会理事长吴智亮说，今年他们还将评估去日喀则实施先心病项目的可能性。

得到消息迅速启动

上海对口援藏26年，效果明显，在这条充满艰辛的高原爱心之路，也涌现了越来越多的社会力量，星舍就是其中之一。

吴智亮介绍，上海星舍公益基金会在扶贫济困的工作中，始终以西藏、新疆等边困地区为重要落地区域。在上海市第八批援藏工作组的支持和帮助下，自2017年起，星舍对定日县民族中学提供了两期共30万的资助项目，2018年与上海市青年志愿者协会在当地6所学校举行了"点亮心愿"活动。

"2018年下半年，我们前往日喀则调研拜访指挥部时得到建议，

2019 年 5 月，星舍公益基金会与上海市儿童医院专家组一行在日喀则市人民医院举行义诊

由于当地筛查技术条件等不足，先天性疾病发病和救治情况亟需关注。"吴智亮说，回沪后他即与上海市儿童医院、中梁地产分别沟通并获得支持，迅速启动项目计划。

2018 年 10 月，星舍与上海市派驻日喀则的援藏工作联络组达成共识，由医疗组和日喀则市人民医院负责患儿前期筛查工作，主要针对先天性高原常见且当地不具备手术条件的病患儿，计划每年安排符合条件的 20 位患儿由家长陪同送往上海进行手术。2018 年 11 月，星舍与上海市儿童医院沟通。"院领导之前参加过援藏工作，对当地情况非常了解，所以非常支持此项工作。"吴智亮说，院方建议先聚焦先心病救治，并当场表示，医院将按照成本价格收治这批患儿，适当减免住院期间的费用，还计划派出专家组前往当地进行确诊工作。

中梁地产慷慨解囊，捐赠资金共 153 万元。这是"书香中梁"第一次涉足先心病儿童救治，此前"书香中梁"的公益活动主要聚集捐书、捐款和修建图书馆，改善贫困地区儿童的受教育。

紧锣密鼓地推实施

2019 年 5 月 2 日，星舍与上海市儿童医院专家一行 20 人，利用假期时间前往西藏，在日喀则市人民医院开展义诊，重点对先髋病、先心病的 211 项病例进行确诊性筛查，从 87 例先心病患儿中初选出 21 例。通过与家长的沟通，确定来沪实施手术的人选。

此后，在亚东县卫生院的协助下，专家组一行还前往亚东县幼儿园对 400 名幼儿进行专病体检，内容包括生长发育评价、先心、脊柱侧弯、髋关节、斜视、倒睫等。

在 5 月 3 日举行的第四届珠峰论坛（儿科分论坛）开幕式上，"先心救助公益项目"启动。这一论坛是由上海援藏工作指挥部倡导下的第三届专业论坛，汇聚两地医疗专业人才，针对西藏医疗事业发展的热点难点交流探讨。

经专家评估，综合各方因素后 20 名患儿在市第八批援藏干部陪同下于 5 月下旬来沪，分别进行入院适应性检查后逐一实施手术。其中 18 名手术治愈，1 名因年龄偏大、难度较高未予手术。所有患儿及家长于 6 月中旬全部返回。

"中梁地产和星舍组织了患儿家庭来沪接送志愿者服务，儿童医院负责入院期间的治疗和生活护理，组织藏语志愿者协助医疗过程中的沟通。我们还为患儿入院期间安排了营养品慰问和乐高课堂陪玩活动，出院时又送给他们装满食品、玩具、文具的爱心书包，家长和孩子们都非常开心。"吴智亮说。

成功之后不忘反思

此次先心病救治项目获得当地政府、群众和上海援藏干部的一致好评，他们赞叹，拯救一个孩子就是挽救一个家庭，这是沪藏两地对口援建的优秀成果。

虽然取得圆满成功，吴智亮还是在项目中总结出许多经验教训，为今后的项目推进做好铺垫。包括对发病普遍和发现滞后等情况预估不够，许多孩子都是因为出生半年内经常发烧感冒被送往医院后才发现是先心病，缺少新生儿常规检查。当地在精准医治和医疗人才方面也存在明显短板。

"上海选派的援藏医生建议，如果能在当地开展普遍性的新生儿检查，每年的 2500 名新生儿中就可以及时发现许多病症并予以治疗。19 名患儿中的 1 名因各种原因没能实施手术，我们感觉非常遗憾。"吴智亮说。

此外，语言沟通会成为整个项目执行中的一大障碍。许多患儿都是 3 岁以下，家长文化程度不高，基本都不懂汉语。幸好市儿童医院及时组织了上海高校的藏族大学生志愿者，保证每天病房里有 2 名藏语翻译，消除了整个住院期间的沟通困难。吴智亮表示，今后在路途陪同和在沪活动中还可以适当安排一些内容。

项目还在不断延伸

2020 年 9 月初，先心病儿童救治项目的经验和成果即将延伸到云南省曲靖市会泽县。会泽县是国家 85 个扶贫开发重点县之一，居住着

26 个民族。2020 年的项目继续得到了上海市儿童医院，针对往年的不足，引入了互联网远程医疗技术，台商投资企业"花马天堂"和上海宜硕科技有限公司共同资助了 2 台"小机器人"落户曲靖市妇幼保健院和会泽县妇幼保健院，帮助当地医护人员精确诊断，同期还将实施对当地医护人员的短期培训。"花马天堂"的创始人尹惟恒祖籍云南，在台湾长大，热心于在全球传播故乡云南多彩厚重的少数民族文化，致力于把云南风味、东南亚风味、一带一路特色饮食文化传向世界各地。2004 年，他从台湾来沪发展打造了一个个沪上闻名的网红"打卡地"。听说这个项目后，尹惟恒深为感动，表示此次随团一起前往当地参加项目，并表示继续致力于云南的产业扶贫和多民族文化传承。

　　吴智亮告诉记者，云南项目结束后，还将评估今年去日喀则实施先心病项目的可能性，希望不久之后能够前往看望去年治愈的小朋友们，并筛选新一批患儿来沪就诊。

作者：姜燕　刊发日期：2020/11/11

2019 年 5 月下旬，20 名经过筛选的日喀则先心病患儿在随团医生和家长的陪护下来到上海即将入住市儿童医院进行手术

▌案例点评▐

上海星舍公益基金会践行扶贫济困的公益宗旨，自 2017 年成立以来开展了多项对西藏、云南、贵州、青海、新疆等地的扶贫攻坚工作。

扶贫帮困，爱"心"先行。2019 年上海星舍公益基金会与上海市儿童医院专家组共同前往日喀则地区实施儿童先心病确诊筛查和来沪手术治疗项目，资助治愈 20 名藏族先心病儿童。2020 年再次联手前往国家重点扶贫开发县之一的云南省曲靖市会泽县，资助互联网医疗机器人并协助开展对当地医护人员的培训工作，用健康及科技手段帮扶助推经济社会发展。云南当地山区较多，很多偏远患有先心病和罕见病的儿童，

2019 年 5 月，上海市儿童医院专家组前往日喀则亚东县，为当地幼儿园进行义诊体检

因路途、医疗条件及诊断方式的欠缺，失去生命或无法得到很好的救治，疫情以来更加阻碍了正常的诊疗服务。利用互联网、5G、人工智能、机器人、智能听诊等技术在原有扶贫帮困基础上进一步巩固支援项目的持续性。利用智能机器人，实现对当地医院先心病症远程筛查工作的培训、指导；对罕见疑难病实现互联网门诊；把机器人这个专家的"替身"留在当地，充分发挥"互联网＋医疗"的优势，保证帮扶成效。通过健康帮扶让云南帮扶医院儿科学科建设得以提高，帮扶地区医护人员的能力得以提升，帮扶地区患者就医体验、就医满意度得以提高。

服务社会、精准切入、务实执行、汇聚资源，是上海星舍公益基金会成为社会力量参与扶贫典型案例的主要特点。星舍公益基金会动员社会各方力量参与，将公益资源越聚越多，中梁地产、乐高、恒天然、麦德龙、钟书阁、花马天堂、宜硕科技等爱心企业出钱、出力、出产品、出技术，援藏援滇干部、我院医生、在沪藏族学生、企业家、社会志愿者等爱心人士在星舍公益基金会的支持下，铸成了爱心接力棒，涓涓暖流流淌在上海和各个对口帮扶地区的人们心中。

上海市儿童医院党委书记　丁俭

▍机构简介 ▍

上海星舍公益基金会经上海市民政局批准于 2017 年 4 月正式成立。由吴智亮和上海须弥文化传播有限公司出资发起，以弘扬慈善美德、践行公益为己任，专注于：汇聚社会中坚力量，共同呵护病残儿童、赋能青年学生、尊爱老年生活。业务范围包括：扶危济困，资助公益慈善项目；资助公益组织的培育和发展。星舍公益的愿景：点亮自己，照亮所及；价值观：不作引领者，只当服务者；执行策略：让所有参与人都能受益。在星舍公益基金会号召下，共有 150 名志愿者，在各类公益活动现场奉献各自的资金、资源、时间、学识，并汇聚了 50 多家爱心企业共同履行社会责任。

截至 2019 年 12 月，上海星舍公益基金会获得社会各界捐赠金额价值 1512.8 万元。2019 年中，收到各类资金和实物捐赠，共计 66 笔 744.9 万元；完成对外捐赠 34 项 700.07 万元，占上年末净资产比例 221%。参与国家精准扶贫"三区三州"项目 8 项，投入资金物资价值 480.2 万元。

上海星舍公益基金会累计完成"书香中梁"贫困地区学校图书室改善项目 66 个，内容包括资助学校设施改建、贫困生助学、学生心愿助力、病残儿童救治、病困教师慰问、一线教师奖励、师资培训交流、产业扶持、统战基地建设等。2019 年耗资 180 万资助日喀则先心病 20 名患儿来沪完成手术治愈。协助永达理湘菁公益团队组织关爱病残孤儿活动、关爱崇明留守儿童活动、资助藏区儿童营养午餐活动、资助江西老区学校课桌椅活动。2020 年，协助台商餐饮企业"花马天堂"资助云南医疗扶贫项目。

2020 年，星舍公益基金会协助上海市普陀区党群服务中心完成规划和建设，建立党建共建网络，并参与策划运营各项公益文化活动，以阵地建设为核心开展公益课堂、便民服务、白领赋能、企业服务、社会责任联盟等丰富多样的公益活动 100 多场。倡导党建与公益紧密结合，鼓励支持党员投身于为群众服务的第一现场。在有关部门的支持下，上海星舍公益基金会联手申万宏源证券有限公司主办"星申力量——沪港澳台未来领袖孵化营"，助力新一代企业家传承接班的同时，勇担社会责任，共同投身公益事业。

上海新湖天虹城市开发有限公司

乡村幼儿园：娃娃在家门口收获温暖

"新造的两间屋子真漂亮，下个月咱就上这儿来接送娃娃！"云南省文山州丘北县曰者镇新沟村的村民们，最近都盼着家门口的幼儿园早日开学。

原来，在新湖集团的资助下，今年新沟乡村幼儿园启动了改造工程。原本破旧不堪的教学楼前，新添了两栋漂亮的建筑：120平方米的学生食堂和80平方米的卫生厕所。到9月份开学时，它们就将正式投入使用。

新沟乡村幼儿园负责人、丘北县曰者镇中心小学校校长魏国君介绍，幼儿园所在的建筑是近二十年前的老房子，它原本是一所小学，后来学校迁到别处，空置的校舍就成了乡村幼儿园。"当时的校舍只有一栋楼，建筑面积是488平方米，除了这栋楼，只有一个简易的厕所，卫生条件差，许多家长看了都摇头，不愿意把娃娃送过来。"魏国君说，以前幼儿园办学条件不齐全，规模受限，周边群众满意度不高。如今改造之后可不一样了，有了两栋新楼，校舍腾出了更多空间，彩绘的外墙粉刷一新，充满童趣，当地人都说："有城里的气息了。""下学期要到这里来读！"从去年2月动工之日起，前来咨询入园的家长们就络绎不绝。"我们已经新增了2个班级，预计能招收约170名适

教室内桌椅崭新，孩子们在老师指导下绘画

龄儿童。"魏国君说，这个暑假他们将反复开展动员工作，要让适龄幼儿全部入园。

新湖集团在上海有多个房地产项目，其中上海新湖天虹城市开发有限公司成立在虹口区。2018年春天开始，响应国家及政府扶贫号召，新湖天虹公司与虹口区政府对口支援的云南省文山州，在富宁县、西畴县、马关县、丘北县等偏远的11村开展深度扶贫。

"村里，背着萝筐缓慢前行的老人随处可见；在旧校区里，孩子端着碗一排排靠墙蹲着吃饭，天气很冷，有些孩子仍然穿着露脚凉鞋……"新湖天虹公司项目负责人洪忠祥说，他们曾经深入偏远村寨，勘选扶贫地区现状，眼前看到的一幕幕景象，让他们深感学前教育的重要性。当地人说，年轻夫妻都出去打工了，有近60%的留守儿童和老人在一起生活，有的孩子甚至一年多都没见过父母。

"我们发现这些地区的共同特点是，大多数青壮年迫于生计背井离乡，只留下幼子和年迈的老人生活，留守儿童长期处于被忽视、缺乏关爱的状态，适龄的知识教育极度缺乏。"洪忠祥介绍，新湖集团为了一个没有贫困的明天，希望贫困地区的儿童也能和城里的孩子一样接受到普惠、有质量的学前教育——于是，"新湖乡村幼儿园计划"应运而生。

为了尽快帮助孩子们，各村因地制宜，采取了"短平快"的办园形式。没有用地条件的，就利用村落原有建筑，如小学闲置校舍、党员活动室等改造。有用地条件的村落，则争取新建。

同样在丘北县，有一个八道哨乡，它位于普者黑景区的核心区域，离县城有 13 公里。"我们乡原本没有公办幼儿园，2018 年 1 月县里拨款 90 多万，征地 8 亩多。第二年，新湖集团出资 25 万元，完善了校舍、围墙、道路硬化……新幼儿园就这么建起来了。"丘北县八道哨乡中心幼儿园负责人聂自华说，中心幼儿园能覆盖到周边 6 个自然村，2019 年 9 月 1 日开始招生，现在有 100 多位幼儿入园。

时值暑假，幼儿园里一片宁静。明亮干净的教室里，桌椅焕然一新，板报上还贴着"期末家长会"的字样与五颜六色的卡通贴纸。可以想象当它开学时，崭新的幼儿园里有和蔼可亲的老师，大山里的娃娃们也能在家门口享受到与城里几乎没什么区别的教学和设备，孩子们在窗明几净的环境中认真学习，在宽敞平坦的操场上玩耍游戏，在可爱温馨的休息室舒服地午睡……

2018 年开始至今，新湖天虹公司已在云南省文山州的富宁县、西畴县、马关县、丘北县的 11 村里资助 500 万人民币，新建新湖乡村幼儿园 4 所，连接学校与村路的便民桥 1 座，利用闲置校舍、党员活动室等改建 6 所新湖乡村幼儿园，解决当地学前儿童入园难的问题。目前幼儿园大多已投入使用，共有约 1100 多名儿童入园，惠及周边

80 多个村寨。

同时，新湖集团也为现有幼儿园新增班级点。对原有乡村幼儿园尚有发展条件的，通过扩建增加班级，提高当地儿童入园率，为解决贫困山区幼儿入园问题出一份力。"我们也很开心，希望能一直温暖着他们，这里也承接着他们的未来和摆脱贫困的希望。"洪忠祥动情地说。

作者：杨洁　刊发日期：　2020/08/26

▌案例点评▐

阻断贫困代际传递，是脱贫攻坚长期而艰巨的任务，也是国际性减贫的难题。

"为了一个没有贫困的明天"，旨在阻断贫困代际传递，新湖公益把参与国家脱贫攻坚战的发力点放在贫困地区的学前教育上，对推动贫困地区幼教事业发展与国家脱贫攻坚战略的融合起到了示范带动作用。

"人生百年，立于幼学"，"新湖乡村幼儿园计划"给贫困乡村的幼童开启了知识的大门和幸福的未来，也给贫困家庭带来希望和便利。"新湖乡村幼儿园"建在村庄，解决"幼有所学"的同时，又解放贫困地区劳动力，让当地老百姓更深地感受到教育的重要性。现在"新湖乡村幼儿园计划"的多方参与合作并能在各村寨落到实处的公益模式在公益界备受关注，值得借鉴和推广。

李小云　中国农业大学教授
国务院扶贫领导小组专家委员会委员

改造后的乡村幼儿园
焕然一新

▌机构简介▐

上海新湖天虹城市开发有限公司成立于 2016 年 8 月 31 日，注册资金为 50000.0000 万元，法定代表人林俊波，注册地址：上海市虹口区吴淞路 218 号 3701A 室，公司经营范围：房地产开发经营，物业管理，系新湖中宝旗下的新湖地产集团全资子公司。

2018 年起，上海新湖天虹公司积极响应党中央号召，按照虹口区委区政府对口帮扶的部署，在云南省文山州富宁县、马关县、丘北县、西畴县偏远贫困山区的幼学教育实施"新湖乡村幼儿园"计划，深入贫困村寨进行实地考察、评估后因地制宜，根据各村现有的教育条件进行新建或改建的投入，公司目前已累计资助 500 万元，帮助四个县建办了 10 所新湖乡村幼儿园及一座便民桥，惠及 80 多个村寨和 1100 多名儿童的学前教育，解决了贫困山区幼儿入园问题。天虹公司公益扶贫之举融入了新湖集团的整体"新湖乡村幼儿园计划"，该计划投入约一亿元人民币，在云南、贵州、西藏、四川、湖北等省区的深度贫困乡村建办新湖乡村幼儿园。

天虹公司母公司浙江新湖集团股份有限公司是综合性大型民营企业集团。二十多年来，新湖集团深刻把握中国经济、行业成长和资本市场的发展机遇，踏实践行、规范自律、开拓创新，形成了适度多元化的战略布局。公司业务覆盖科技、地产和金融服务等多个领域。公司按照国家产业转型方向前瞻投资于区块链、大数据、人工智能、云计算、半导体、智能制造、生物医药等高科技企业，其中众多企业拥有国际领先的自主技术，迅速增长潜力巨大，有些已经上市，有些即将上市。公司还拥有银行、证券、保险、期货等多家金融机构的股权，同时布局了一批拥有领先技术和市场份额的金融科技公司，持续构建金融服务和金融科技双向赋能生态圈。公司以"价值地产"为理念，深刻把握大势，前瞻布局未来，合理选择时机，准确定位产品，不断提升品质，在全国30余个城市开发住宅、商业和文旅项目，总开发面积达3000万平方米，开发品质居行业前列。

"财富共享才最有价值"，新湖集团积极践行社会责任，26年矢志不渝，做公益、行慈善、献爱心。

上海市志愿服务公益基金会

爱心天使：让阳光照到每个孩子

"先天性心脏病患儿已从云南到了上海，马上要动手术了，妈妈还在犹豫不决，情绪很不稳定！"近日，上海市志愿服务公益基金会的一位工作人员接到了来自复旦大学附属儿科医院社工部主任傅丽丽的紧急电话。

这样的时刻并不陌生。2016 年，由上海市志愿服务公益基金会（以下简称"基金会"）牵头组织与复旦大学附属儿科医院共同策划开展的"云南省迪庆州贫困儿童先心病（眼科、骨科）免费筛查及手术"公益行动启动。

4 年来，由复旦大学附属儿科医院组成的"爱心天使"志愿者服务团队，4 次远赴云南省迪庆州，为香格里拉市、德钦县、维西县 24670 名 0-13 周岁的儿童完成了先心病筛查，并为部分孩子做了眼科、骨科等疑难杂症义诊。截至 2020 年上半年，共计有 100 余场免费手术在复旦大学附属儿科医院完成。

一次调研，牵起沪迪两地四年情缘

基金会的工作人员介绍，文章开头提到的这位妈妈是云南迪庆州的建档立卡贫困户，孩子不幸患上了先天性心脏病。她向当地红十字

上海"爱心天使"志愿者服务团队赴云南开展先天性心脏病筛查

会求助，在红十字会、上海市志愿服务公益基金会、复旦附属儿科医院的多方沟通与努力下，于 2020 年 7 月来到上海治疗。面对孩子的疾病和手术可能的风险，妈妈十分焦虑、犹豫不决。在医院社工的心理疏导下，她终于冷静下来，决定让孩子做来之不易的手术。最后手术很成功，妈妈心里的一块大石头总算落了地，连声感谢基金会、医护人员等给孩子"第二次生命"。

说到这个项目的缘起，上海市志愿服务公益基金会理事长陈振民回忆，2016 年 4 月，他和同事前往云南迪庆州开展西部志愿服务的培训活动。云南省是上海长期对口帮扶的重点区域，为深入了解当地的实际需求与开展志愿扶贫的可行性，他来到迪庆州香格里拉市洛吉乡九龙村调研。

通过实地走访和与乡干部座谈，让他了解到，由于当地处于高原地区，且卫生健康情况较差，许多孩子患上了先天性疾病，先心病是其中最为高发的疾病。许多患病儿童由于未能及时发现病情，错过治疗良机，影响生长发育甚至生命受到严重威胁，这让原本就贫困的家庭更是雪上加霜。

返沪后，基金会马上召集了复旦大学附属儿科医院以及部分爱心企业，共同制定行动计划。3 个月后，在上海绿地集团、东方航空公司的支持下，由陈振民领队，复旦儿科的多名心外科、心内科、心超专家出征香格里拉，为当地的贫困儿童开展先心病的筛查工作，爱心行动就此启程，"要让阳光照到每一个孩子"。

克服艰险，"爱心天使"千里赴云南

初到香格里拉时，志愿者服务团队普遍出现了高原反应，呕吐、头晕、头胀、呼吸困难等症状。但"爱心天使"们仍兵分几路，前往各个山区、各个乡的学校开展免费筛查工作。山路崎岖而又颠簸，有时还会遇到山体塌方，但是志愿者们跋山涉水，义无反顾。

儿科医院社工部主任傅丽丽说，有些学校人数上千，每位医生需要负责两百余名儿童的筛查。面对庞大的工作量，医生们长时间佩戴听诊器，常常听到鼓膜震痛。有时还会出现高原反应，一边吸氧一边工作，但是他们毫无怨言。

"在先心病筛查的过程中，我们发现先天的眼科与骨科疾病在当地的贫困儿童群体中也十分常见。"儿科医院社工部主任傅丽丽说。2017 年，上海市志愿服务公益基金会与云南省迪庆州政府签订协议，将筛查的地区范围扩大到一市两县——香格里拉市、德钦县、维西县，检查范围则扩大到先心病、眼科与骨科，开展为期 3 年的"关爱迪庆州贫困儿童先心病行动计划"，将爱心播撒至迪庆州的每一个角落。

对症下药，患病儿童来沪接受治疗

每一次行动返沪后，儿科医院会针对每一个孩子的情况讨论，并给出建议。"如果发现病情危重的孩子，医院会把他们接到上海免费手术与治疗。"陈振民说。

香格里拉市五境乡仓觉村的 13 岁男孩尼玛也是其中之一，他患有先天性脊椎骨棚膜突出的疾病。他的父母都是农民，家庭收入只能勉强维持温饱。尼玛受到病痛的折磨，在 12 岁之前都没有像同龄的孩子一样正常地上学、痛快地玩耍过。

2018 年，在筛查项目的帮助下，尼玛来到了儿科医院做免费手术治疗，术后情况良好。行走的问题得以解决，但大小便失禁仍然是一个难题，这就意味着尼玛还需要继续使用尿不湿，整个家庭需要承担每年 8000 元的费用。

儿科医院社工部了解该情况后积极牵线搭桥，在短短的一周内为尼玛募集了 22316 元，一下子满足了尼玛两年半的尿不湿用量。

2019 年 5 月，傅丽丽再次来到香格里拉市。尼玛高兴地拉着她的手说："我能跑能跳了，现在已经上二年级了，还是班上的第一名呢，我将来的愿望是报考上海戏剧学院！"那一刻，她的眼眶不禁湿润了，这就是她 4 年坚持带队来到这里的意义所在。

据悉，4 年来，"关爱迪庆州贫困儿童先心病行动计划"对云南省迪庆州一市两县的贫困儿童实现筛查全覆盖。针对当地医疗技术薄弱的情况，上海市志愿服务公益基金会组织发动爱心企业天衍数据服务（上海）有限公司，捐赠了用于白玉兰远程医疗系统的全套设备，已于 2018 年在香格里拉市妇幼保健院正式开通，实现了儿科医院对

医生为云南孩子们免费筛查眼病　　　　　医生为云南孩子免费筛查先心病

香格里拉市妇幼保健院的远程医疗会诊、远程查房和远程教学，使远在雪域高原的孩子也能共享上海的优质医疗资源。

2019年5月，儿科医院在香格里拉妇幼保健院建立了云南省第一个医务社工服务部，打造了一支带不走的医疗队伍，将扶贫模式由"输血式"向"造血式"转变，也将爱心持续发送给云南省迪庆州的孩子们。

作者：陈佳琳 宋宁华　刊发日期：2020/07/29

▍案例点评▍

为了实现2020年全面建成小康社会的既定目标，如何使志愿服务与精准扶贫结合成为当前一个重要的社会议题。作为上海的志愿服务组织，在志愿扶贫、整合社会资源和专业力量方面，上海市志愿服务公益基金会作了有效的尝试和探索，取得了良好的社会效应，大力推动了志愿服务事业和其他公益事业持续发展，使上海社会志愿服务体系更加完善。这其中"对接志愿扶贫"专项活动，便是该基金会近年来"志愿服务＋精准扶贫"的一个品牌项目。

　　2016 年该基金会赴云南迪庆工作调研，了解到当地儿童先心病发病率高，缺乏基本筛查，有的孩子因未能及时手术而危及生命，当即牵头会同复旦大学附属儿科医院、部分爱心企业共同发起"关爱香格里拉市困难先心病儿童特别行动"。由于该项目策划实施精准，其实效显著，社会反响好，2017 年被上海市合作交流办评为"东西部扶贫协作和对口支援工作十大典型案例"。

　　纵观该项目，较好体现了"精准扶贫和志愿服务"相融合新理念：其一，志愿服务要提升专业化水平。志愿服务不是简单做好事，而是长期做好事，这就需要具备不同的专业知识和技能，需要各种类型的专业志愿服务组织。专业化的队伍，会增加志愿服务的稳定性，提高志愿服务能力，更贴近服务对象的内在需求。其二，志愿服务应整合社会资源。志愿服务单靠部门、个人的力量远远不够，应充分发挥社会专业组织的力量，积极探索实践"专家＋志愿者"治理模式。其三，志愿服务要实行项目化运作。由于不同群体对服务的需求不一样，这就要求志愿服务在实践过程中应有的放矢、注重需求导向，避免"千篇一律"。其四，志愿服务应体现精准化服务。人们在参与志愿服务的良性互动中，能更好地感受释放爱与善的正向力量，由此激发越来越多的人参与志愿服务，整个社会才能逐步形成向上向善、诚信互助的社会风尚。

上海市志愿服务研究中心主任

上海社科院社会学所　杨雄研究员

上海市志愿服务公益基金会

空中课堂：为更多藏区孩子
打开看世界的窗

艰苦的客观条件和遥远的地理距离，不应该成为孩子们学习知识、释放艺术天分的障碍。在距离上海 2500 多公里外的青海玛多县，有一群渴望学习，又颇具艺术天赋的藏区孩子，通过上海市志愿服务公益基金会的远程空中课堂公益服务项目，看到了更广阔的世界，在知识和艺术的海洋中，肆意徜徉。

制作人的愿望

2018 年底，在黄浦区援青干部的关心下，由上海市志愿服务公益基金会牵头，和普公益实施的玛多民族小学远程课堂项目正式启动，经过大约半年的筹备，2019 年 6 月 26 日，上海的志愿者教师和玛多县民族小学的学生，终于第一次在网络平台上见了面。"因为客观条件的限制，当地孩子普遍缺乏美术、科学、自然、音乐等课程的学习机会，因此我们启动这个项目的初衷，是希望能拓宽他们的知识面。"上海市志愿服务公益基金会代表刘瑛表示，"远程空中课堂，也是参与对口帮扶的一个很好的途径，因此从筹备开始，志愿者们的热情就很高涨。"

出现在屏幕里的孩子们

据了解，"空中课堂"项目的志愿者来自各行各业，尽管本身的工作压力不小，但为了藏区的孩子们，他们总能抽出时间，用专业又不失幽默的语言，和孩子们共同度过欢乐又充实的一个小时。作为藏区孩子们的音乐老师，每当那仁朝格抱着吉他坐到屏幕前，总会获得孩子们的欢呼。作为知名的音乐制作人，他手头的邀约不少，但在看到空中课堂项目的简介后，他还是立刻报了名。用那仁朝格自己的话来说，他内心一直有一个愿望，就是希望用音乐去鼓励孩子们，让他们感受到外界的关注和爱护，并不断开拓眼界，在未来实现自己的梦想。这也是所有志愿者的心声。

教职员的默契

但就像童话故事里的男女主角在圆满结局之前，总会遇到一系列困难一样。空中课堂项目在实行的进程中，也碰到了不少难题。首当其冲的，便是设备的运送。

"当地的海拔比较高，因此国内一些知名的快递公司在听到相关需求后，也望而却步。"据刘瑛介绍，基金会最终选择了先通过邮政平台将设备运送至青海，再由援青干部和当地相关人员送抵学校的"两步走"模式，将设备运到了目的地。"虽然前期的准备稍微繁琐一些，耗费的时间也会长一些，但只要能让孩子们在云端看到更广阔的世界，所有的付出就都是值得的。"

解决了设备的运送问题，网络信号又成了一大"隐患"。考虑到玛多县当地的网络信号并不十分稳定，教职人员对相关设备的操作，也并不是非常熟悉，几位上海的援青干部此时便起到了重要的作用。每每有新的设备运到当地，他们都会在教室内帮忙装配调试，并对当地教师进行指导，最大程度地降低因技术原因而影响教学效果的风险。

那仁朝格授课

而当现场真的出现技术故障时，当地教职人员的举动，更让人感动。

"记得有一次，因为技术方面的问题，电脑屏幕里的影像突然中断了，教室内很快出现了遗憾的情绪。"刘瑛回忆道，"当时在场的老师，就像约定好了一样，马上用自己的手机流量联网，让孩子们看完了剩下的部分。"事后回忆起来，几位老师和援青干部只是轻描淡写地笑着说："与志愿者们的辛苦付出相比，这点流量根本不算什么，孩子们能学到本领，感受到快乐才是最重要的。"

孩子们的惊喜

其实直到第一次网络教学开始前，项目的参与者们心里都没底。撇开可能出现的各种技术性问题，藏区孩子们能否适应新的教学方式？美术、音乐等新课程能否受到欢迎？孩子们的接受能力究竟如何？种种担忧始终萦绕在项目组心头。但经过短暂又充实的一个小时后，所有的不安，都因为孩子们带来的惊喜，而烟消云散。

"玛多县的孩子们真的很懂礼貌，也很有天赋。"刘瑛又向笔者透露了一些细节，"每次看到老师出现在屏幕里，玛多县的孩子们都会自发起立鞠躬，向老师问好，课程结束后，也是起立鞠躬道别，这让志愿者们有些受宠若惊。"更让人惊喜的，是孩子们的学习和领悟能力，通过连接着话筒和投影屏幕的电脑，玛多县的孩子们拿着画笔，跟着上海老师的指导示范，一步步创作着各类型的主题画作，不一会儿便掌握了技巧和精髓，"看着屏幕里的一幅幅作品，老师都惊讶了，藏区的孩子不仅懂礼貌，还很有艺术天赋，很多孩子画得非常好。"刘瑛笑着说。良好的授课效果，让基金会和玛多县相关方面决定扩大"空中课堂"项目的覆盖面，从去年9月起，玛多县民族中学和民族小学同时推动"空中课堂",开设美术、音乐、心理三类课程,这个公益项目,也如预想中那样,为更多藏区孩子,打开了一扇看世界的窗。

在年初因为疫情而"停摆"后,空中课堂项目于9月"重启"。"藏区孩子们对知识的渴望,已经超过了预期,我们希望能用这样的方式,让他们了解更多、认识更多、学到更多。"随后,刘瑛还提到了社会力量对项目的重要性,"我们的志愿者来自各行各业,他们利用业余时间编排教程,为孩子们补充各方面的知识,也为项目贡献着自己的力量。希望未来还能有更多社会力量参与进来,一起带着藏区的孩子,去看看这美好的世界。"

作者:陆玮鑫　刊发日期:2020/10/14

▌案例点评▐

雪域高原,东海之滨,时空的距离,阻断不了上海市志愿服务公益基金会的爱心公益行动,"为更多藏区孩子打开看世界的窗"这个公益项目选择的视角非常独特,这里我为他们践行公益之举由衷点赞。

一是他们的援助对象:藏民的孩子——孩子是祖国的未来,民族的希望。上海的援青干部不畏艰难,想方设法为他们扣好人生第一颗扣子,为他们打开一扇认识世界之窗,实在是功德无量的公益善举。

二是他们的援助方式:空中课堂——突破时空限制,拓展了教学时空。既让课堂"远在天边",又利用互联网实现"近在眼前"。

三是他们的公益效应:打开看世界之窗——既打开了藏民孩子认识之窗,又是希望之窗,为他们播撒艺术、科学的种子,更是传递善良、责任等美德的心灵之窗。

远程连线

　　云上的教学，让藏民孩子享受美术、音乐、科学、心理等当地缺乏的课程，实现了资源共享，原本的不可能最终化为现实，倾注了公益人的热心（汇聚各方爱心人士），考验了他们的韧性（克服种种困难），最终赢得了孩子们的欢心，实在令人欣喜！

　　鲁迅先生说过，"有一分热，发一分光，就令萤火一般，也可以在黑暗里发一点光"，希望这样一个接地气、聚人气、有实效的公益项目能够凝聚更多社会人士参与，助人为乐，无私奉献，为"云上的教育"传递微光，为孩子们的心灵播撒阳光！

孙晓青　上海市上南中学教科研处主任

上海市特级教师

▌机构简介▐▐

上海市志愿服务公益基金会成立于 2014 年 2 月 21 日，为上海市社团局登记批准的公募基金会。2018 年，本基金会被认定为"慈善组织"的公募基金会。

基金会根据《章程》规定，以为上海的志愿服务活动项目募集资金、提供资金；开展与志愿服务资金募集、使用有关的活动；资助志愿服务组织的公益活动和其他活动；资助、推进志愿服务事业的发展为工作宗旨。基金会业务范围是：1. 评审、资助有影响的志愿服务项目或其他公益活动；2. 开展与社会公益组织、国际国内相关基金会等组织的友好交流与合作。

基金会按照章程规定设立了与开展公益项目相适应的办事机构，办事机构为秘书处，在理事会的领导下开展工作，下设资金和物资募集部、项目支持部、资产管理部、综合管理部，各部门工作职责明确。

2016 年以来，服务于国家扶贫战略，上海市志愿服务公益基金会在深入云南省迪庆州香格里拉市洛吉乡开展工作调研时，了解到当地孩子患有先天性心脏病情况比较多，还没有进行全面的疾病筛查。调研后，基金会专题研究，决定开展以志愿扶贫为特点的专项活动，牵头会同复旦大学附属儿科医院、部分爱心企业共同发起"关爱香格里拉市困难先心病儿童特别行动"。当年 9 月即组织儿科医院医护志愿者深入迪庆藏族自治州为孩子们做筛查，并在 2017 年与迪庆州政府正式签约，决定用三年时间完成迪庆州一市两县的所有儿童筛查及符合手术需要的孩子来沪手术治疗，并扩大到眼科、骨科疾病的治疗。截至 2019 年 6 月，四批志愿者约 120 人，已经对 24670 名孩子进行筛查，98 名孩子来沪手术。2017 年 10 月 17 日获上海市合作交流办评选的"2017 东西部扶贫协作和对口支援工作十大典型案例"。在爱心企业的支持下，帮助香格里拉市妇幼保健院建设了纳入国家卫计委的全国远程医疗的"白玉兰"系统，并在 2018 年起进行了远程会诊和业务学习培训，提升了边远地区的医疗水平和服务理念。

再生电脑：为孩子打开世界的大门

2007 年，一个偶然的机会，在北京创业的张斌峰参加了人民日报"重走中国西北角"的活动。一年半的时间里，张斌峰他们走过四川、陕西、甘肃、宁夏、内蒙古、青海等七省区 180 个县，而他看到的一幕幕，彻底改变了他人生的轨迹。"我是在乡村长大的，时隔 20 多年回到西北乡村，发现这里变化很小，孩子们受教育的方式还是老师的一根粉笔、一块黑板。"见惯了大城市电子通信的飞速发展与更迭，鲜明的对比下，张斌峰说，他听到自己"内心有声音在呼唤"。

一边是大城市废弃电脑利用率不高以及不规范处置引发的环境问题，一边是偏远贫困地区乡村教育在硬件设施方面的缺失。有机会站在供需两端的张斌峰，利用身边的资源开启了一道"传送门"——2009 年，"爱传递·再生电脑教室"项目启动。11 年来，张斌峰团队——上海众谷公益青年发展中心发起并实施的"爱传递"项目已累计在云南、甘肃、贵州、新疆、西藏等 30 个省份的 148 个县以及蒙古国、肯尼亚、乌干达等国援建了 411 间电脑教室，超过 16.3 万名乡村师生因此受益。

10 万乡校缺电脑 2000 万"供给"如何对接

"教育部规定，小学三年级以上要开设信息技术课程，实际情况

2020 年 6 月 16 日,
云南广南县黑支果乡
脚木塘小学的"爱传
递"电脑教室内, 张
斌峰给四年级学生们
上了一节电脑启蒙课

呢? 很多偏远地区的学校有老师、有教材, 却没有电脑教室, 即便有, 也存在电脑数量不足、严重老化、没人维护等等情况。"走过许多乡村, 张斌峰看到, 信息技术教育的缺失是很多偏远乡村公平教育的短板, 而对于很多学校来说, 他们缺的或许就是一间可以高效使用的电脑教室, "偏远乡村的很多孩子, 在应该开展信息技术教育的年纪, 不会用鼠标, 敲键盘只会'一指禅', 他们对于电脑的认知几乎为零。"

但如果将目光转向大城市, 又是怎样一番场景? 一台设计配置可以使用 8 至 10 年的电脑, 往往三四年就被淘汰、废弃了, 一方面是电脑使用价值的极大浪费, 同时废弃电脑的随意交易和不规范回收、处置, 带来一系列的环境和社会问题。

"你知道中国每年要淘汰多少台电脑吗? 2000 万台。而目前还有 10 万所乡村学校对电脑有迫切的需求, 如果每年全国淘汰的电脑中有 10-15% 可以参照"爱传递"模式再生、捐赠, 就意味着每所乡村学校都可以拥有一间配置有 20 至 30 台电脑的教室。"怎么对接,

2020 年 6 月 18 日，云南麻栗坡县八布乡荒田小学"爱传递"电脑教室启用

这正是"爱传递·再生电脑教室"项目在探索的模式。

分检再生有记录 全生命周期可查询

"让闲置电脑陪乡村孩子一起精彩"，这句话，是"爱传递·再生电脑教室"项目的初衷，也是对这个项目最好的注解。

众谷公益的"基地"，在彭浦科技园一个不起眼的厂房内，进门正对着的"再生车间"是爱开始传递的地方。在这里，各企业、单位、个人捐赠的电脑，经过分检、再生后入库。60 多岁的臧建勇是计算机行业协会的资深专家，自 2009 年"爱传递"项目启动以来，他便成了坐镇"再生车间"的老法师。

"每一台电脑进入车间都会先进行分检。对于不符合再生条件的废弃电脑，我们会进行拆除，把有用的部件分类整理；可以再生的电脑则会根据不同的情况，有的需要更换零部件，有的需要重新安装系统，在测试正常后，再生的电脑经过内外消毒会入库登记。"臧建勇说，每一台进入再生车间的电脑都有一个二维码"身份证"，这个身份证记录了这台电脑入库及后续的每一个环节，去了哪间电脑教室，运行情况如何，最后何时报废回收，"全生命周期"都清晰可查。说话间，臧建勇手上的"功夫"一刻不停，"整个再生团队多的时候一天可以完成一百台电脑的再生工作。"

在臧建勇身后的成品仓库里，再生的电脑按照不同品牌整齐地码放在架子上，每台电脑上都夹了一张便签纸，纸上清楚地写着这台电脑的配置，处理器、内存等情况一目了然。"我们仓库里现在大概存放了1000台左右设备，按照一间电脑教室30-35台电脑的配置，这些电脑还能建30间电脑教室。目前已经有700多家企业参与了我们的项目，今年我们计划再建约60间电脑教室。"张斌峰说。

集中化建设闭环管理 志愿服务让爱传递

"'爱传递·再生电脑教室'项目不仅仅是在乡村建一所电脑教室，从评估、建设、回访、支持到回收后的环保处理，我们已经实现了闭环管理，让每一台电脑都能实现被高性能、高效率地使用。"张斌峰介绍，电脑教室建成以后，项目将提供持续不断的后续支持，包括通过"爱传递·信息化应用平台"进行远程监管、远程维护、远程支持；组织当地志愿者监督并提供技术支持；每年进行回访，对软硬件负责维修及升级，替换收回并环保处置无法使用的报废电脑；定期向公益合作伙伴发布电脑教室使用报告等等。

在云南、在贵州、在新疆、在西藏……"爱传递·再生电脑教室"在西部不少地区已经属于常态化建设，张斌峰说，历年来，众谷公益在上海对口支援地区已经援建电脑教室超过150间，其中，云南最为集中，已经有 80 多间，"比如在云南广南县、麻栗坡县，我们已经开始区域集中化布局，集中化建设，这样有利于开展滚动式回访支持，降低建设维护成本。"

而在上海，项目本身吸引了一批又一批的志愿者参与其中，他们中有的是捐赠企业员工，有的是学校的学生，有的是爱心人士。尤其在刚刚过去的这个暑假里，他们组织的"爱传递·成长传送门"乡村电脑教室系列活动全面展开，除了两次共组织 40 多位少年志愿者和家长到婺源援建电脑教室，更是举行了 16 场"爱传递"上海基地再生体验活动，243 名都市少年全情参与、快乐奉献，亲手再生出 458 台电脑。

在一次又一次亲身参与电脑再生、教室搭建过程中，在一次又一次和援建地区孩子的交流中，爱，正无限传递。

作者：毛丽君　刊发日期：2020/10/12

▌案例点评 ▌

上海众谷公益青年发展中心持续在上海对口帮扶地区专业开展"爱传递·再生电脑教室"项目，至今已在云南省、新疆喀什、贵州遵义、西藏日喀则、重庆万州和湖北夷陵累计援建电脑教室 153 间，捐赠性能良好的再生电脑 4439 套，帮助 54906 名乡村老师和孩子正常开展信息化教育。"爱传递·再生电脑教室"的建设和使用，完全符合党的十九大提出的"把扶贫和扶志、扶智相结合的精神"以现代信息科技助力教育扶贫，又让这些乡村孩子拥有精彩的现在和美好的未来，拥抱了伟大的互联网时代！

　　脱贫攻坚从来不只是政府或者当地民众的事，它需要汇聚全社会各方的力量。众谷公益就发动了众多企业的支持，光是在上海对口支援地区——云南文山的电脑，就来自50多家企业的捐赠；更是有静安投资、TUV、民信财富等多家企业以冠名支持、选派员工志愿者等方式深度参与。众谷公益也每年利用暑假组织"爱传递·成长传送门"活动，组织都市少年志愿者和家长深入乡村学校，实地提供志愿服务，与当地孩子共同传递、感悟、成长。连续三年，众谷公益更是利用"99公益日"，发动了近三万人次捐款为麻栗坡县、广南县建设电脑教室，同时精心挑选当地特色的小礼物作为捐款反馈，带动当地产业扶贫。

　　作为一家社会组织，众谷公益八年如一日，以专注的精神、专业的方法致力于中国偏远乡村的教育扶贫。机构发起和实施的"爱传递·再生电脑教室"项目更是被誉为扶贫"金点子"，把循环经济、公益情怀、知识扶贫、培育人才有机地融合，在区、市、全国的公益项目评比中屡获殊荣，是国内相关公益领域当之无愧的开拓者、引领者。

　　　　　　　　　　　　上海市静安区社会组织联合会原会长　顾维民

▌机构简介▐

　　上海众谷公益青年发展中心（简称"众谷公益"）成立于2012年6月14日，其业务主管单位是静安团区委。机构通过汇聚各方优质资源，用公益方式使中西部贫困地区得以分享发达城市的教育、教学设备等各类资源。众谷公益发起并专业实施"爱传递·再生电脑教室"项目，也参与实施"爱飞翔·乡村教师培训"上海项目，致力于对偏远地区的教育扶贫。让乡村师生平等地接触优质教育，实实在在感受来自社会各界的关爱，激发内生动力，积极学习和行动，从而实现"扶志"和"扶智"。众谷公益是第一批"上海市品牌社会组织"，它的"双爱"项目在上海对口帮扶地区卓有成效开展教育扶贫，2019 年被评为上海重点工程实事立功竞赛优秀团队。

"爱传递·再生电脑教室"项目发动社会各界捐赠淘汰、闲置的电脑等电子设备，组织专业力量进行规范再生（无法再生的则送交专业环保处置工厂予以资源化环保处置），帮助贫困地区乡村学校建设电脑教室并持续支持。项目累计在全国 30 个省份及蒙古国、乌干达、肯尼亚的偏远地区乡村学校建成 413 间电脑教室。超过 16.4 万名乡村师生、青少年因此获得更丰富的知识，看到更精彩的世界。2016 年被评为首届全国"'四个 100'最佳志愿服务项目"；在 2017 年的中国青年社会组织公益创投大赛中，以全国第一名的成绩获得金奖；2018 年，中央电视台"新闻联播"对项目发起人张斌峰和项目团队进行了专题报道；2019 年，项目入选国务院扶贫办"社会组织扶贫 50 佳案例"。

书香中梁：让山村的孩子爱上读书

送上画笔，孩子们迫不及待地画了起来；送上阅读课，孩子们听得津津有味；阅读课后，孩子们克服腼腆，鼓起勇气主动教志愿者跳彝族舞蹈。大家玩到了一起，做游戏，打乒乓……操场上、教室里笑声阵阵。这是 2020 年 7 月，"书香中梁"项目落地云南会泽县时的一幕。

5 月底调研 7 月份项目落地

会泽县是我国目前尚未脱贫的 52 个贫困县之一，目前全县未脱贫贫困村有 170 个，贫困人数近 7 万人。地处云南、四川、贵州三省八县交界，是云南省第三人口大县。

为助力会泽县脱贫攻坚，5 月 31 日，中梁控股集团、中梁公益基金会首次赴会泽进行深入调研，明确扶贫帮困需求。7 月"书香中梁"项目就成功落地了。中梁公益基金会与会泽县的两个深度贫困村李子箐、清河村结对帮扶，通过教育帮扶和为帮助贫困村民解决实际困难，助力当地脱贫攻坚、增进沪滇协作。

除了为学校捐赠图书、多媒体教学设施以及设立助学金等外，中梁公益基金会还针对学生们吃水、用水困难的问题，修建全新蓄水池、改造厨房设备，为孩子们的用水卫生保驾护航。

"书香中梁"
公益项目落地
云南会泽县

　　值得一提的是，在"书香中梁"教育帮扶基础上，此次公益行动还进一步扩大帮扶对象，资助44户困难农户进行危房改造，并为村庄爱心超市注入帮扶资金、修建道路设施，提升村庄人居环境。

　　捐赠仪式之后，来自控股集团、公益基金会和云南区域公司的8名志愿者还为清河小学的孩子们带来一堂生动趣味的阅读课，通过破冰交流、分组分享、角色扮演等环节，志愿者和孩子们一起分享了阅读的快乐。校长感慨地说："这里的孩子们很多都是留守儿童，父母大多外出打工，平常得到陪伴的时间不多，有你们来他们真的太开心了。"

中梁已经帮助 70 多所中小学

　　中梁控股集团是一家总部位于上海，以地产开发、商业运营、物业管理、资本金融为主业的多元化、综合性不动产投资集团。据中梁公益基金会副理事长徐晴罡介绍，中梁于2016年发起"书香中梁"公益扶贫项目，在教育扶贫的基础上联动产业扶贫、健康扶贫、乡村建设，为助力国家脱贫攻坚贡献力量。截至目前，"书香中梁"已在

中梁公益基金会志愿者与孩子共同开展"趣味阅读课"

云南、西藏、新疆、青海、贵州、河北、湖南等地 70 多所中小学校落地，累计捐赠善款超过 1070 万元，惠及全国各地困难学生数万人。

"书香中梁"公益项目通过为贫困边远乡村学校建立、完善爱心图书室，捐赠丰富书籍、阅览设备器材，改善教育设施，设立"书香中梁"励志助学金，实施教师培训、教师帮困等全方位的教育帮扶措施，为乡村孩子们送去充足的精神食粮，帮助孩子们开阔眼界，充实知识，快乐成长。2018 年，"书香中梁"爱心图书室项目正式纳入中国光彩事业基金会"光彩书屋"计划，计划 5 年内在有需要的边远或贫困乡镇的 100 所学校建立爱心图书室。

扶贫足迹遍及云南西藏青海新疆

据副理事长徐晴罡介绍，在云南，中梁紧跟国家精准扶贫的号召，积极参与"三区三州"扶贫工作。2018年10月,中梁参与由中央统战部、全国工商联举办的"光彩事业怒江行",与怒江州教育局签订三年帮扶协议,先后在怒江泸水市、兰坪白族普米族自治县等地中小学落地"书香中梁",为怒江州数千名建档立卡户学生提供充足的阅读食粮、改善学习环境。在捐建爱心图书室、捐赠图书及教学设备的同时,中梁还整合多方公益资源,联合均瑶世外教育集团共同为怒江优秀骨干教师提供地面及远程教育培训,提升当地师资力量。除怒江州外,"书香中梁"还在云南洱源、会泽等地共17所中小学校先后落地,累计捐赠图书超过20万册,教育帮扶投入超过300万元,帮助提升边疆地区教育质量。

在西藏,自2017年起,"书香中梁"已持续3年开展精准教育帮扶,助力藏区青少年的成长。2017年11月,中梁公益志愿者前往海拔近4500米的国家级贫困县定日县,为定日县第一中学、第二中学115名藏族学生发放励志助学金,帮助他们更好地完成学业,同时为两所学校捐赠"书香中梁"爱心图书室、电教设备以及学校设施改造。2018年10月,在上海市合作交流办、市援藏干部联络组和团市委等单位支持下,中梁专项资助"青春聚力量 圆梦在行动"公益活动日喀则专场,向日喀则上海实验学校、定日县一中、萨迦县中学、拉孜县中学、江孜闵行中学等学校征集了建档立卡家庭孩子380多个"微心愿",并逐一采购了孩子们的心愿礼物——书包、文具、护眼灯、课桌、餐盒、画笔、滑板、篮球、溜冰鞋等,将爱心物资打包整理,从海拔4米的上海运送到海拔近4000米的雪域高原,跨越4500公里牵起了上海与西藏两地的爱心情谊。2019年5月,"书香中梁"再次走进日喀则,落地亚东县中学,进一步扩大在藏区的帮扶范围。

在青海，2017 年 10 月"书香中梁"落地青海省天峻县，为天峻县第二民族中学捐赠了爱心图书室，购置书籍、桌椅、电脑等设备，设立了励志奖学金，资助优秀困难学子完成学业，推动当地的教育脱贫。

在新疆，自 2018 年以来，"书香中梁"两度援疆，积极配合新疆地区的对口帮扶工作。2018 年 10 月，为喀什莎车县第一小学、第一中学、第二中学、第三中学、第五中学五所学校建立了爱心图书室，配置教育设施；2019 年 8 月，中梁参与由国务院扶贫办、全国工商联、中央光彩事业促进中心等单位主办的"民营企业南疆行"，再次走进喀什，为泽普县第一小学、泽普县第一中学、巴楚县第二小学和阿纳库勒乡中心小学四所学校近万名维吾尔族学生添置了图书和教学设备，助力边疆贫困地区中小学校的教育发展。

作者：鲁哲　刊发日期：　2020/10/19

▌案例点评▌

今天的孩子，是我们国家未来的栋梁。

扶贫先扶智，教育扶贫是最具有根本性、基础性和可持续性的扶贫举措。在很多偏远乡村地区，孩子们阅读的书籍只有教科书。孩子们心灵成长所需要的精神食粮和身体健康所需要的营养一样重要。

"书香中梁"公益行动，聚焦乡村儿童阅读环境的改善和精神成长，为云南、西藏、新疆等地区的基础教育搭建读书平台，帮助孩子们在成长早期培养良好的阅读习惯，对他们未来的成长影响深远。2018 年，"书香中梁"公益项目正式纳入中国光彩基金会"光彩书屋"

孩子们迫不及待地打开礼物，专注地绘画

计划，共同为推动乡村青少年的成长持续努力。

　　以阅读为支点，深入帮扶资助地区教育条件改善。除了捐赠图书外，"书香中梁"还实施助学帮扶、教师帮困、完善教育教学设施等。2018 年项目参与"光彩事业怒江行"，整合一线教育资源为怒江地区的骨干教师提供培训，帮扶面广，帮扶力度大，有效帮助当地改善教育教学水平，为孩子们的成长提供了全面的支持。

　　以教育扶贫为基础，联动健康扶贫、产业扶贫，深入帮扶资助地区脱贫攻坚。"书香中梁"西藏公益项目在开展中，结合藏区先心病儿童救治难的问题，联合开展教育帮扶和健康医疗帮扶，帮助患儿家庭解决因病致贫、因病返贫的难题；"书香中梁"云南公益项目，依托中梁的企业资源优势，与当地茶叶供销社合作，进行教育＋产业双重扶贫，体现了授人以渔的公益理念，丰富了公益内涵，提升了整体帮扶效能，推动实现精准扶贫。

　　希望项目能继续发挥自身优势，结合资助地区的实际需求，持续帮扶更多乡村地区的教育环境提升，共同帮助孩子们健康茁壮成长。

中国光彩事业基金会秘书长　余敏安

▌机构简介▐

中梁控股集团是一家以地产开发、商业运营、物业管理、资本金融为主业的多元化、综合性不动产投资集团。集团业务范围已拓展至中国五大经济核心区域，覆盖20多个省市的150余座城市。最近几年，中梁实现高质量高速度发展，位列中国民营企业500强第280位，上海民营企业百强第9位以及中国房地产综合实力20强。2019年7月，中梁于香港联交所主板成功上市。

"中流砥柱，国之栋梁"是"中梁"名称的由来。一直以来，中梁始终坚持"饮水思源 回馈社会"的发展理念，在稳健发展自身业务的同时，积极承担社会责任，投身公益扶贫、赈灾救助、环境保护、就业推动、员工关怀等领域，已累计捐赠善款过亿元。2019年，中梁公益基金会正式成立，延续中梁的公益慈善理念，以扶贫济困为宗旨，聚焦教育扶贫，更加规范化、系统化地管理公益项目，持续回馈社会。

"书香中梁"是中梁于2016年响应国家号召，发起的聚焦青少年成长教育，助力儿童阅读的公益项目，计划五年内为有需要的边远或贫困乡镇的一百所学校建立爱心图书室，给孩子们提供更多阅读机会，帮助孩子们开阔眼界，更快成长。2018年，"书香中梁"爱心图书室项目正式纳入中国光彩事业基金会"光彩书屋"计划。

截至目前，"书香中梁"已在西藏日喀则、新疆喀什、云南怒江、青海天峻等全国14个省市地区70余所学校落地，为孩子们建立爱心图书室，设立励志助学金，进行教师培训、帮困等，已累计捐赠善款超过1000万元，惠及困难学生数万人，持续助力国家脱贫攻坚。

图书在版编目（CIP）数据

加油！脱贫攻坚，上海社会力量在行动 ／ 上海市人民政府合作交流办公室，新民晚报社编. —上海：上海三联书店，2021.4

ISBN 978-7-5426-7280-3

Ⅰ.①加… Ⅱ.①上… ②新… Ⅲ.①扶贫－工作概况－上海 Ⅳ.①F127.51

中国版本图书馆CIP数据核字（2021）第008587号

加油！脱贫攻坚，上海社会力量在行动

编　　者 /	上海市人民政府合作交流办公室　新民晚报社
责任编辑 /	姚望星
装帧设计 /	徐　徐
监　　制 /	姚　军
责任校对 /	张大伟　王凌霄
出版发行 /	上海三联书店
	（200030）中国上海市徐汇区漕溪北路331号A座6楼
邮购电话 /	021-22895540
印　　刷 /	上海普顺印刷包装有限公司

版　　次 /	2021年4月第1版
印　　次 /	2021年4月第1次印刷
开　　本 /	710×1000　1/16
字　　数 /	180 千字
印　　张 /	15.75
书　　号 /	ISBN 978-7-5426-7280-3 / F・827
定　　价 /	98.00元

敬启读者，如发现本书有印装质量问题，请与印刷厂联系021-36522998